로컬로 턴!

로컬로 턴!

저성장 시대를 건너는 법

우치다 타츠루(内田樹) 지음

박우현 옮김

아르숲

안녕하세요. 우치다 타츠루입니다.

이번에는 지방 이주, 정상(定常) 경제[1] 등과 관련한 글을 정리해 『로컬로 턴!』이라는 책으로 내게 됐습니다. 지난 2년 동안 「TURNs」라는 잡지에 연재한 인터뷰 기사를 바탕으로 쓴 책입니다. 기사의 원형을 알아볼 수 없을 정도로 수정과 가필이 이루어졌습니다.

「TURNs」는 U턴, J턴, I턴이라는 세 종류의 '턴'을 다룹니다. 우선 U턴이란 도시에서 살다가 태어난 고향으로 귀향하는 것을 말하며 J턴은 돌아가되 태어난 고향과 조금 다른 곳으로 이주하는 것을 의미합니다. 아울러 I턴은 도시에 살던 사람이 전혀 연고가 없는 지역으로 이주하는 것을 말합니다. 다시 말해 「TURNs」는 지방 이주를 목표로 하는 사람에게 정보를 제공하는 잡지입니다.

「TURNs」에서 취재 요청이 왔을 때만 해도 이토록 별난 독자를 대상으로 하는 특수한 잡지가 있는지도 몰랐습니다. 그렇다고 여기저기 광고하는 잡지가 아니어서 이름도 들어본 적이

---

1) 성장이 멈춘 '제로성장 경제' 상태를 뜻한다.

없었습니다. 그런데 무엇보다 그런 잡지에 일정한 수요가 있다는 사실에 놀랐습니다.

실제로 지방으로의 이주 여부를 떠나 '지방 이주를 하나의 선택지로 고려하는 사람'은 생각보다 훨씬 많아 보였습니다. 그런 사정을 알게 되자 우선 "아, 일본인도 꽤 건전하잖아"라는 생각이 들었습니다.

지방 이주 관련 고민은 2011년 동일본 대지진으로 드러난 도시 문명의 취약함과 특히 핵발전소 노심용융(멜트다운)으로 환경파괴가 진행되는 과정을 목도한 사람들의 지극히 자연스러운 반응이라고 생각합니다. 오히려 그러한 움직임이 없다면 그게 이상한 일이지요.

자본주의의 종언을 마주하면서 지금까지와 같은 도시의 삶은 지속할 수 없다고 생각하는 사람이 조금씩이지만 늘어나고 있습니다. 물론 압도적 수치는 아닙니다.

원래 신문이나 TV 같은 대중매체는 자본주의 경제가 머지않아 끝날지도 모른다고 절대로 보도하지 않습니다(그 말은 바로 자기 회사가 사라질지도 모른다는 말과 같으니까요).

인터넷도 마찬가지입니다. 인터넷 미디어는 속보성과 확산성을 우선으로 하기에 복잡한 이야기는 다루지 않습니다. 따라서 '자본주의 경제가 곧 무너질지도 모른다'는 사실은 우연히 경제학자가 쓴 책(그다지 팔리지 않은)을 손에 넣은 사람이 아니고서는 알 수가 없습니다. 그런 사람을 제외한 나머지는 왠지 그럴 거 같다는 식의, 문득 떠오르는 직감이 아니고서는 알아낼 근거가 없죠. 그런데도 직감을 믿고 삶의 방식을 바꾸는 사람이 일본 열도 전역에서 동시다발로 등장하고 있습니다. 아마도 점점 늘어날 것으로 보이는데 이제는 다시 되돌릴 수 없는 필연의 역사라고 하겠습니다.

그런데 경제 체제는 어떻게 보면 인위적으로 조작할 수 없는 가치중립의 자율장치인 셈인데 어떻게 운이 다해간다는 것을 직감할 수 있었을까요?

주식시장에서 투자자의 행동을 예측할 수 없듯이 시장의 판매 동향도 예측하기 어렵습니다. 환율이나 중앙은행의 움직임도 변수가 많아 예측이 어렵긴 마찬가지입니다. 요컨대 경제 체제를 일원적으로 관리하는 사람이나 기관은 존재하지 않으므로 경제가 내일 어떻게 될지는 아무도 알 수 없습니다.

종종 모든 경제 사건의 배후에는 일루미나티나 프리메이슨 또는 유대계 국제자본 같은 비밀조직이 있다는 '음모론'을 신봉하는 사람이 있지만, 안타깝게도 그러한 이론은 세상은 신의 섭리대로 움직이며, 모든 게 신의 뜻이라는 말이나 다름없습니다. 당장은 영혼의 안식을 얻을지 몰라도 내일 무슨 일이 일어날지는 알려주지 않지요.

그런데 어쩐 일인지 인간은 예측 불능의 복잡기괴한 사상의 본질을 직감으로 파악하는 경우가 있습니다. 최소한 지금 당장 어떤 일이 자신에게 벌어진다면 '좋은 일'인지 '나쁜 일'인지를 판단하려고 재빨리 머리가 돌아갑니다.

'그런 경우'가 있을 수 있다고 생각하게 된 계기가 있었습니다. 작년 봄 영국을 방문했을 때 일입니다. '마르크스의 족적을 찾아서'라는 색다른 기획의 투어였는데, 마르크스가 『자본론』을 썼던 시절의 영국 공장노동이 어떠했는지 알아보려고 리버풀 산업박물관을 방문하는 코스가 있었습니다. 산업박물관 안에는 산업혁명 시기에 쓰였던 방직기계가 가지런히 나열되어 있었는데 가이드가 공장 가동 시스템을 설명하면서 방직기계를 작동해 보였습니다. 실로 엄청난 장관이었습니다.

수십 미터에 이르는 방직기계가 일제히 작동하며 원단을 짜면 아이들이 기계 밑으로 기어 들어가 재빨리 섬유 조각을 치웁니다. 바짝 긴장하지 않으면 기계에 손발이 말려들 위험이 도사리고 있었습니다. 그 정도로 비인간적 기계였습니다. 그런데 그런 기계도 표정이 있다는 걸 분명하게 느꼈어요. 설계자가 의도한 기계의 본질이 그대로 **기계의 표정**으로 드러난 거죠. 의도했는지 아닌지 잘 모르겠습니다만, 그때 기계의 표정을 확실하게 봤습니다.

SF영화 「에이리언」의 크리처 디자인으로 유명한 H·R 기거라는 아티스트가 있습니다. 기계와 생물을 결합한 '바이오 메카노이드'의 창시자인데, 그가 만든 끔찍한 괴물 캐릭터를 영화에서 보고 그의 독창성에 감탄한 적이 있습니다. 그런데 리버풀에서 방직기계를 본 순간 그것들이 에이리언 괴물의 원형이라는 걸 느꼈습니다.

휴식도 없는 노동 착취에 심지어 목숨까지 빼앗는 방직기계. 엔지니어들은 그런 기계에 걸맞게 불길하고 사악한 '얼굴'이 있어야 한다고 생각했던 것 같습니다.

'러다이트(luddite)'라고 들어보셨을 겁니다. 19세기 초 산업혁명에 반대한 영국의 노동자를 말합니다. 그들은 기계가 자신의 일자리를 빼앗아가자 공장에 난입해 기계를 때려 부수었습니다. 영국 정부는 공장의 기계를 파괴한 자는 사형에 처하는, 너무 가혹한 정책으로 대응했지만, 그래도 러다이트 운동은 전국으로 번져나갔습니다. 고교 시절 세계사 시간에 러다이트 운동에 관해 듣고는 이상한 사람들이라고 생각했습니다. 기계 따위는 부숴봤자 아무런 소용이 없으니까요. 기계는 감정도 의지도 없는 그저 가치중립적인 도구일 뿐입니다. 기계 발명은 인류 지성의 성과로 기계 자체를 증오하는 게 무슨 의미가 있나 싶었습니다. 그런데 리버풀에서 실제로 방직기계를 보자 러다이트의 기분을 알 수 있었습니다. 그것은 정말 불길하고 사악한 얼굴 자체였기 때문입니다.

시스템 작동을 멈추려면 자본가의 책상을 점령해 장부나 서류를 찢어버리면 그만입니다. 혹은 공장법 제정 운동을 펼쳐 노동자법을 정비해도 될 겁니다. 그런데도 러다이트는 기계에다 분노를 쏟아냈습니다. 기계가 마치 살아 있는 듯한 얼굴을 하고 있었기 때문입니다. 생각건대 엔지니어들은 무의식중에 '분노를 자아낼 수 있을 정도로 의인화한 기계'를 만들어 버린 겁니다.

지금 우리는 무르익은 후기 자본주의 사회에 살고 있습니다. 상상을 초월할 정도로 복잡한 경제 체제가 대체 무엇을 위해 작동하는지, 또 무엇을 하고 있는지 우리는 전혀 알 수 없게 돼버렸습니다. 그렇다 보니 사람들은 별말 없이 자연스러운 흐름으로 받아들이고 있습니다. 마치 오늘의 날씨가 흐리거나 개이거나 한 것처럼 말입니다. 때로는 지진이나 쓰나미가 덮쳐 사람이 다치고 죽기도 하는데 그럴 때도 자연의 일로만 생각하죠.

그런데 그런 경제 체제의 '얼굴'을 본 19세기 러다이트 같은 사람이 나타났습니다. 선의든 악의든 개인이 관여할 수 없는, 자연스러운 발전과정으로 여겨지던 경제 체제의 '사악한 민낯'을 본 사람들이 출현한 겁니다.

노동으로 인간을 피폐하게 하고 또 노동의 과실을 빼앗아 몸과 마음에 상처를 주면서 마침내는 죽음으로 모는 '사악한 본성'을 발견한 사람들. 그들은 그런 체제가 발산하는 독기에서 벗어나려고 합니다. 따라서 지금 일고 있는 '지방 이주' 바람은 문명사적으로 의미 있는 일이 아닐까 생각합니다.

그러나 사람들은 그들이 왜 지역으로 향하는지 이해하지 못할 수 있습니다. 심지어 정부나 자본주의 체제 혹은 언론은 러다이트에게 그랬듯이 그들을 이유 없이 비난할지도 모릅니다.

하지만 러다이트 투쟁은 공장법이나 노동법 제정 운동의 계기가 됐고, 보통선거권을 요구하는 정치운동으로까지 이어졌습니다. 바이런과 셸리는 러다이트 운동을 착취 시스템에서 인간의 존엄과 자립을 구한 행동으로 평가하며 칭송하는 시를 남겼습니다.

저는 현대 일본에서 벌어지는 지방 이주 운동을 '자본주의 체제의 민낯을 본 사람들'의 망명 같은 행동으로 보고 있습니다. 그들의 여정이 무사하기를 바라며 언젠가는 약속의 땅에 다다르기를 기원합니다. 건투를 빕니다!

목차

제1장

—

탈 경제성장
글로벌 자본주의의 종언

인간은 하루 다섯 끼를 먹지 못한다

글로벌 자본주의 체제는 몰락의 길을 걷고 있습니다. 자본주의가 지속하려면 인구증가와 생산기술의 진화 및 경제성장을 전제로 해야 합니다. 어느 한 가지라도 충족되지 않으면 끝나버릴 수밖에 없습니다.

오늘날 세계는 이미 인구증가와 경제성장, 이 두 가지 조건이 사라지고 있습니다. 어느 선진국이나 경제성장률은 높아 봐야 2%대이며 대부분은 0~1%대에 머물러 있습니다. 일본은 1950년대 중반부터 1973년까지 약 18년간 평균 9%에 이르는 고도성장기를 지냈고 그 후부터 약 3%대의 안정된 성장기를 지속해왔습니다. 그 후 1991년 버블붕괴가 일어나 '잃어버린 시대'에 돌입했습니다. 현재 일본의 경제성장률은 0.5%로 과거 수준으로 되돌아갈 수 없는 상황입니다. 이것이 경제성장의 자연 과정입니다. 현재 경제가 성장 중인 나라를 보면 바로 알 수 있습니다. 예컨대 2012년 경제성장률 세계 1위 국가는 리비아였으며 2위는 시에라리온, 3위는 파라과이였습니다. 내전으로 국민이 피폐한 삶을 겪고 있는 나라가 상위를 차지하고 있습니다. 어째서 내전이나 테러로 몸살을 앓는 나라의 경제가 성장할까요? 생각해보면 간단합니다. 전쟁은 사회 기반 인프라를 파괴하기 때문입니다.

전쟁과 테러로 상하수도를 비롯해 전기나 가스가 끊기고, 교통·통신은 두절되며 의료기관과 학교 또한 큰 피해를 봅니다. 그런데 그런 시설(경제학에서는 '사회적 공통자본'이라고 부릅니다)이 없다면 사회는 존속할 수 없습니다. 대개 사회 기반 인프라는 정부나 지자체 같은 공적 기관이 책임지고 관리·운영합니다. 만약 그런 기관이 기능을 다하지 못한다면 어떤 일이 벌어질까요? 사람들은 자신의 돈을 쓰거나 온갖 수단을 동원해 스스로 구할 수밖에 없습니다.

의식주를 비롯한 모든 생필품은 시장에서 사야 합니다. 살아가야 하니까요. 따라서 공적 기관이 작동을 멈추고 사회 기반 인프라가 파괴된 나라에서 오히려 활발한 소비 활동이 일어나는 전도 현상이 벌어집니다.

반면 일본이나 미국, 유럽 등 사회 기반 인프라가 잘 갖춰진 성숙한 사회에서는 경제성장이 둔화합니다. 상하수도나 교통 인프라가 잘 작동하고, 의무교육도 무상으로 받을 수 있으며 누구나 의료 서비스를 기본적으로 받을 수 있는 사회에서는 당장 입을 옷과 끼니를 해결할 약간의 돈, 그리고 잠잘 곳만 확보하면 일단은 살아갈 수 있습니다. 또한, 어디에 가든 수도시설이 있어 물을 마실 수 있는 데다 뜨거운 물이 나오는 공중화장실도 잘 정비돼 있습니다. 시간에 맞춰 운행하는 전철이 있고, 원하는 정보는 인터넷으로 얻을 수 있습니다. 내전 중인 국가라면 값비싼 대가를 치러야 얻을 수 있는 그런 사회 인프라 혜택을 성숙한 사회에서는 무상으로 또는 싸게 안정적으로 받을 수 있습니다. 그런 이유로 성숙한 사회의 **경제성장은 둔화할 수밖에 없습니다.**

그렇게 어려운 이야기는 아닙니다. 경제활동이란 간단하게 말해 인간이 살아가는 데 필요한 상품이나 서비스를 교환하는 일입니다. 다시 말해 경제는 **인간의 몸에 따라 제한이 생깁니다.** 몸이 원한다면 어떻게 해서라도 손에 넣으려고 하지만 몸이 원치 않는다면 '그것이 무엇이든' 필사적으로는 덤비지 않습니다. 당연한 이야기이죠.

그래서 의·식·주처럼 몸이 원하는 욕구를 채워주는 기본 제도가 마련되면 경제활동은 둔화하고 맙니다. 생리 욕구에는 한계가 있어 아무리 배를 채우려고 해도 하루 세 끼 이상은 먹기 어렵습니다. 물론 다섯 끼, 여섯 끼를 욱여넣을 순 있겠지만 그러다간 소화기관이 견디지 못할 겁니다. 옷도 마찬가지로 한 번에 입을 수 있는 옷은 한 벌뿐입니다. 매시간 옷과 신발을 바꿀 수 있겠지만, 그러다가는 하루가 다 갈 겁니다. 또한, 집도 동시에 한 채 이상 점유하기 어렵습니다. 밤새 이집 저집을 옮겨 다니면서 자다가는 수면 부족으로 죽고 말겠죠. **인간은 몸의 한계를 뛰어넘는 소비 활동은 할 수 없습니다.** 이것이 경제성장의 기본 원리입니다. 너무나 당연한 말이라 누구도 입에 올리진 않죠. 경제를 둘러싼 무수한 전도 현상은 바로 그 기본 원리를 망각한 탓에 일어나는 일입니다.

화폐로 화폐를 사는 경제

앞서 살펴봤듯이 성숙한 사회란 '생리적 기본욕구를 충족한 사회'로 소비활동의 둔화를 보입니다. 개인 차원에서는 고마운 일이지만, 경제성장 없이는 존립이 어려운 자본주의 구조에서 보면 곤란한 일입니다. 성숙한 사회에 도달한 후에는 경제성장을 하려 해도 할 수 있는 일이 제한됩니다.

그렇다 보니 몸의 제한에서 벗어난 아이템을 찾습니다. 의식주 욕구와 관계없는 상품 판매로 경제활동의 주축이 이동합니다. 그것이 바로 금융경제입니다.

이제 금융경제는 인간의 몸이 원하는 것과는 상관없이 경제활동을 합니다. 사람들은 돈으로 돈을 삽니다. 주식을 사고, 채권을 사고, 토지를 사고 다이아몬드나 석유 또는 우라늄을 삽니다. 모든 것이 화폐의 대용품입니다. '화폐로 화폐'를 사는 셈입니다. 이 정도면 교환에는 끝이 없습니다. 화폐는 아무리 많아도 인간의 배를 채우거나 몸에 걸칠 수 없고, 비와 눈을 막아주지 못합니다.

화폐는 **인간의 몸을 지킬 수 있는 것과 교환할 때만** 인간적 의미가 있습니다. 따라서 "이 정도면 충분히 지켜졌다"고 여겨지는 순간, 화폐의 운동속도는 떨어집니다. 하지만 화폐와 화폐의 교환에는 화폐 자체가 교환의 주체가 되므로 "운동은 이제 충분합니다"라든가 "운동이라면 많이 했으니까 이제는 멈춰주세요"라고 말하지 않습니다. 하긴, 말할 리가 없죠. 인간이 아니니까요. 지금 거래소에서 주식을 사고팔고 있는 쪽은 인간이 아니라 컴퓨터 알고리즘입니다. 1,000분의 1초 단위로 주식을 사고팔도록 짜여 있습니다. 주식시장 선수는 진즉에 개인에서 기관투자자가 됐으며, 기관투자자는 결국 프로그래밍입니다.

경제활동의 주체가 인간에서 인간이 아닌 것으로 바뀌면 경제는 더 성장할지도 모르겠습니다. 하지만 그런 경제활동은 인간과 더는 관계가 없습니다. 기관투자자에게 돈을 맡기면서 천문학적 규모의 개인 자산을 쌓는 극소수의 부유층이 있을지 모르겠습니다만, 개인계좌에 100억 달러의 잔액이 있더라도 그 정도 액수라면 죽을 때까지 다 쓰고 싶어도 그럴 방법이 없을 겁니다. 물론 매일 자가용 제트기를 바꿔 타는 식의 무의미한 탕진이라면 가능할 수도 있겠지만, 그런 경제활동에는 어떤 인간적 의미도 없습니다. 인간적 의미를 만들어 내지 못하는 경제활동이라면 엄밀하게 말해 더는 '경제활동'이라고 부를 수 없습니다. 경제란 가족제도나 언어처럼 인간 사이 '커뮤니케이션'을 위해 만든, 인류 여명기부터 존재하는 제도이기 때문입니다.

'인간이 빠진 경제활동'이란 '사람이 없는 가족제도'나 '인간을 제외한 언어활동'처럼 의미 없는 공허한 울림일 뿐입니다. 앞으로도 경제성장을 계속하고 싶다면 그런 공허한 울림에 귀를 기울이는 것 말고는 방법이 없습니다.

교육, 의료, 치안을 상품화하는 사회

강제적이지만 금융경제 말고도 성숙한 사회에서 경제성장을 실현할 방법이 있습니다. 성숙한 사회를 미성숙한 사회로 되돌리는 겁니다. 사람이 살아가는 데 필요한 것을 자력으로 구할 수밖에 없는 사회로 되돌아가면 되는 것이죠. '중세화'라고 부를 수 있겠는데, 그렇게 되면 소비활동이 살아납니다.

성숙한 사회를 없애는 간단한 방법은 전쟁입니다. 사회 기반 인프라가 전부 파괴되겠죠. 철도가 사라지고, 도로는 유실되며, 통신망이 끊깁니다. 또한, 댐이 무너져 수돗물이 공급되지 않고, 병원과 학교는 문을 닫게 됩니다. 그렇게 되면 복구하거나 아예 모든 걸 다시 만들어야겠죠. 내전 중인 나라가 높은 경제성장률을 보이는 이유가 여기에 있습니다. 인간이 살아가는 데 꼭 필요한 것이라면 미래라도 헐값에 팔아치워 당장이라도 손에 넣어야 합니다.

그런데 전쟁처럼 극단을 달리지 않아도 되는 해결책이 있습니다. '준중세화'로 전환하는 방법입니다. 지금까지 누구나 똑같이 받을 수 있었던 공공서비스를 상품화하는 것이죠. '인간이 살아가는 데 꼭 필요한 것' 전부를 시장에서 사고팔 수 있게 하는 겁니다. 지금 우리는 자연환경, 상하수도, 교통·통신망, 전기, 가스, 교육, 의료, 치안, 소방 등 사회공통자본을 무상으로 혹은 저렴한 비용으로 누리고 있습니다. 이런 사회공통자본은 공공에서 관리하며 기본적으로는 사유화할 수 없습니다. 따라서 물과 공기를 사유화한다든가 도로나 경찰을 사유화해 그런 서비스가 필요한 사람에게 돈을 받고 제공하는 일은 허용하지 않습니다.

예전에 볼리비아에서 수도를 민영화한 적이 있었습니다. 당연히 수도회사는 요금을 인상했는데, 너무 올려 종국에는 수도 요금이 노동자 평균 월수입의 25%에 이를 정도였습니다. 분노한 시민이 "물은 상품이 아니다."라며 대규모 시위를 벌였고 많은 사상자가 나왔습니다. 영화 007 시리즈 「퀀텀 오브 솔러스」의 소재가 된 사건이기도 합니다.

이처럼 본래 사유화하면 안 되는 것을 사유할 수 있게 하는 것이 '준중세화'입니다. 근대 시민사회는 사람이 살아가는 데 필요한 것을 공적으로 관리해 모든 시민이 똑같이 누릴 수 있게 함으로써 성립됐습니다. 그러나 이것을 부정해 '살아가는 데 꼭 필요한 것'은 '수익자부담' 원칙을 적용합니다. '원한다면 돈을 내라'는 규칙으로 전환하는 것이죠. 이미 교육과 의료 분야에서는 그런 '준중세화' 전환이 일어나고 있습니다.

공공 서비스의 기본 원리는 유목민의 환대 문화

부유층은 양질의 교육과 의료 및 치안 서비스를 누리지만, 빈곤층에게는 어려운 일입니다. 실제로 이런 상황이 지금 미국에서 벌어지고 있습니다. 조지아주 풀턴 카운티 샌디스프링스 이야기입니다. 부자들이 많은 곳인데, 그들은 자신이 낸 세금이 빈곤층에게 투입되는 걸 자신의 손해로 여겼습니다. 결국, 그들은 주민투표를 통해 카운티에서 독립했습니다. 아울러 합리화를 명목으로 행정 서비스와 경찰·소방 시스템을 자신들에게만 충실히 제공되도록 해놓았습니다. 그래서 그곳 사람들은 큰 폭의 절세 혜택을 받게 됐고, 동시에 쾌적한 주거환경을 확보하게 됐습니다. 그런데 이와 달리 풀턴 카운티 나머지 지역은 세수가 줄어들어 병원과 학교가 문을 닫게 돼 삶의 질이 한순간에 나빠지고 말았습니다. 전기요금 절약을 명분으로 가로등도 꺼버려 치안 상태가 악화했습니다. 샌디스프링스 주민은 풀턴 카운티 나머지 지역의 공공 서비스 질이 나빠진 것이 그들 책임이라고 말합니다. 교육이나 의료, 치안 서비스를 무상으로 누릴 수 있다는 생각은 언감생심이며 원한다면 돈을 내라는 겁니다.

공공 서비스도 '상품'이며 돈이 없다면 교육, 의료, 경찰, 소방 등 서비스가 열악해지더라도 감수해야 한다는 샌디스프링스의 사고방식에 많은 미국인이 동조했습니다.

이런 선례에 따라 행정구역을 독립하려는 부유층의 움직임이 지금 미국 전역으로 확산하고 있습니다.

이와 마찬가지로 일본에서도 같은 흐름을 볼 수 있습니다. 이제 의료나 교육은 세금으로 유지할 수 없으니 수익자가 부담해야 한다는 정부와 언론의 목소리가 나날이 커지고 있습니다. 그러나 원래 사회복지나 건강보험, 연금제도는 국민을 굶주림으로부터 보호하고 상해와 질병, 노쇠로 훼손된 그들의 건강을 회복하도록 **도우려고 존재합니다**. 그런데도 그런 제도를 '상품'으로 간주하는 사람들이 있습니다. 그들은 필요하다면 스스로 돈으로 해결하든지 돈이 없으면 포기하라는 말을 태연하게 내뱉습니다. 새 시계나 유행하는 옷을 갖고 싶은 사람이 '사달라'고 한다면 말할 것도 없이 누구라도 '네 돈으로 사'라고 할 겁니다. 하지만 거리에 나앉았거나 병으로 고생하는 사람이 도움을 청하는 상황은 차원이 다릅니다. 무조건 돕는 게 이치에 맞습니다. 그런 것마저 상거래처럼 다뤄서는 안 됩니다. 기본도 모르는 사람이 '수익자 부담'이라는 말을 입에 올립니다.

무라카미 류가 에세이에 썼던 내용인데, 방송국 스태프와 함께 파리·다카르 랠리 취재로 아프리카에 갔을 때 이야기입니다. 그때 일본인 스태프 한 사람이 생수병에 자기 이름을 써 놓았다고 합니다. 그것을 본 현지 스태프가 "이런 사람과는 함께 일할 수 없다."라고 말했는데 일본인 스태프는 그런 항의의 의미가 도대체 무엇인지 몰랐다고 합니다. "사막에서 물은 생사가 달린 소중한 것이라 내 것이라고 표시해 놓았다."라는 일본인의 주장에 현지인들은 "사막에서 물은 생사가 달린 소중한 것이라 개인 소유는 말도 안 된다."라고 대답했는데 나는 현지인의 말에 일리가 있다고 생각합니다.

유목민 세계에서는 황야를 떠돌던 이방인이 막사에 찾아오면 하룻밤 재워주고 먹여주는 윤리 체계가 있습니다. 이것은 박애주의 발로가 아닙니다. 유목민은 누구나 타향을 떠돌다가 갈증과 굶주림에 언제 노출될지 모르는 위험을 안고 살아갑니다. 따라서 황야에서 만난 막사 주인의 기질에 따라 목숨을 건질 수 있거나 그러지 못하는 경우가 있어서는 안 됩니다. 만약 죽는다면 그것은 자신의 잘못일 뿐입니다. 공공 서비스의 기본 원리는 발생적으로 그런 유목민의 '환대 문화'와 같습니다. '목숨을 유지하는 데 꼭 필요한 것'을 무조건 제공해야 합니다.

경제성장을 위한 중세로의 퇴행

지금 일본은 공공 서비스 영역에서 '수익자 부담 원칙'을 내세우고 있지만, 거기서 원하는 바가 '생사가 걸린 일'인지 '생사와 상관없는 일'인지를 엄밀하게 구별해야 합니다. 의료를 비롯해 교육, 치안, 공공위생 관련 서비스를 상품으로 팔아서는 안 됩니다. 그런 서비스는 공적으로 관리하고 제도로 관리·운영해야지 시장에 맡겨서는 안 된다는 겁니다.

오해를 막고자 덧붙인다면, 제가 특별히 박애주의자라서 하는 말이 아닙니다. 지극히 냉정하고 현실적 이야기입니다. 당연한 이야기지만 공동체가 존속하는 데 꼭 필요한 자연환경이나 사회 인프라 등 사회공통자본은 정치 이데올로기나 시장경제와 무관하게 비정서적으로, 동시에 기술적으로 제어해야 합니다.

공기나 물, 도로나 경찰을 사유화하고, 그것을 사용하려면 돈을 내라? 돈이 없으면 숨도 쉬지 말고, 물도 마시지 말고, 도로를 사용하거나 경찰서를 찾지 말라는 사고 논리는 성립할 수 없습니다. 누구나 아는 사실이죠. 의료와 교육도 마찬가지입니다.

의료 서비스를 상품화해서 공적 건강보험 제도를 없애고 모든 진료를 자유 진료로 바꾼다면 어떤 일이 벌어질까요? 부자가 최고의 의료 기술을 갖춘 의사에게 최고의 서비스를 받고, 반면에 빈자가 돈이 없어 충분한 의료 서비스를 받지 못해 죽는 것은 오로지 자신의 탓이 돼버립니다. 실제로 미국에서는 그런 논리가 우세해지고 있고, 일본도 그렇게 돼가고 있습니다.

그런데 의료 상품화란 의료의 '중세화'나 다름없습니다. 이미 미국에서 실력 있는 의사는 높은 연봉을 받으며 부유층만을 대상으로 하는 사립병원으로 옮겨가고 있습니다. 반면에 보험 적용이 가능한 의료기관에는 고된 노동과 저임금에 시달리는 실력 없는 의사와 간호사만이 남게 됩니다. 이 같은 의료 양극화 현상이 두드러지기 시작했습니다. 실력 있는 의사라면 결국 초부유층을 위한 '개인 전담 주치의'가 돼 최고의 환경에서 고액 연봉을 받으며 의료행위를 하는 쪽이 비용 대비 효과 면에서 더 좋은 경력이라고 생각하게 될 겁니다.

그것이 왜 문제가 되느냐고 말하는 사람이 있는데, 의료인의 윤리를 규정한 '히포크라테스 선서'가 있다는 걸 아마 모르는 것 같습니다. 히포크라테스 선서를 보면 의료인은 환자가 귀족이든 노예이든 똑같이 치료해야 한다고 명시돼 있습니다. 고대부터 이어진 의료의 기본 원칙입니다. 거기에 의료의 본질이 있습니다. 생각해보면 당연합니다. 위험한 감염병 환자를 가난하다는 이유로 방치하고, 부자의 감기를 먼저 치료하는 일은 공중위생 관점에서도 허용되지 않습니다. 함께 살아남아야 하기에 선인들은 의료기술이나 의료자원을 돈으로 사고팔지 말고, '지금 당장 필요한' 응급 상황 외에는 어떤 기준도 적용하지 말라고 규정한 겁니다.

학교 교육도 마찬가지입니다. 제한된 교육자원을 돈으로 살 수 있는 사람에게 우선 배분하면 결국 교육 여부가 사회적 차별로 이어지는 중요한 지표로 작용합니다. 교육받은 사람만이 사회에서 상위를 차지하고, 그렇지 못한 사람은 하층으로 밀려나겠죠. 따라서 교육자원이 부유층에게만 배타적으로 축적되면 머지않아 그 사회에서 교양이 사라질 겁니다. 상위계층은 글자를 읽지 못하고 사칙연산을 모르는 빈곤계층을 상대로 압도적인 지배력을 행사할 수 있겠지만, 그런 사회에서 지적 혁신은 일어나지 않습니다. 제가 말하는 '중세화'란 바로 이런 추세를 뜻합니다.

우리 사회는 지금 '포스트 글로벌' 상태를 보이면서 근대 이전 사회로 퇴행하고 있습니다. 어느 분야에서나 경제성장의 여지가 더는 보이지 않는데도 경제성장을 이루려는 불가능한 꿈을 좇고 있습니다. 인간이 살아가는 데 없어서는 안 될 것에 가격표를 붙여 시장에서 사고팔게 하면 소비활동이 활발해져 다시 경제가 살아나리라는 도착적인 꿈을 꾸고 있습니다. 경제성장이 멈췄는데도 무리하게 경제성장을 시도하려는, 변하지 않는 사람은 자신의 행동이 이 사회를 중세로 퇴행시키고 있다는 사실조차 모른 채 **미쳐가고 있습니다.** 저는 그렇다고 단언합니다.

제2장
—
산하를 지킨다
'성장'에서 '정상(定常)'으로

에도막부의 통치 원리는 '정상(定常)'

　일본은 자랑할 만한 풍부한 자원을 갖추고 있습니다. 그 자원이란 바로 풍요로운 산하입니다. 일본은 산림률이 68%에 이르는 세계 굴지의 산림국입니다. 핀란드 74%, 스웨덴 69%에 이어 선진국 중에서는 세계 3위입니다. 영국 12%, 중국 23%, 프랑스 30%, 독일 32%, 미국 33%, 러시아가 49%입니다. '숲으로 뒤덮인 나라'라는 인상을 주는 캐나다도 38%에 그칩니다. 더구나 브라질이 59%이니 이것만 보더라도 68%라는 일본의 산림률이 얼마나 높은 수치인지 알 수 있습니다.

　문명 발달과 자연 파괴는 동시에 일어납니다. 일찍이 펠로폰네소스 반도를 뒤덮었던 숲의 나무들은 제철기술 개발로 모조리 벌목됐습니다. 지금은 바위산에 올리브 나무만이 듬성듬성 자라고 있을 뿐이죠. 유럽이든 신대륙이든 인간은 숲을 개척한다며 발작적으로 나무를 베어왔습니다. 로빈 후드의 본거지 셔우드 숲도 노팅엄 광산 개발로 사라졌죠.

　그런 와중에 왜 일본의 자연만 예외적으로 보존됐을까요? 제러드 다이아몬드의 『문명의 붕괴』를 보면 그것과 관련한 흥미로운 고찰이 있습니다.

　일본도 전국시대에는 축성과 제철로 극심한 자연 파괴가 일어났습니다. 16세기 중반에는 벌채로 숲의 25%가 사라지면서 민둥산이 늘어갔죠. 그러다 17세기 중반 에도막부는 산림보호 정책을 들고 나옵니다. 마구잡이 벌목으로 산이 침식되자 흘러 나온 흙이 강바닥에 쌓이면서 홍수의 원인이 됐는데, 이 과정에서 위기감이 고조됐던 것이죠. 막부에서는 숲을 보존하라고 명령했습니다. 그렇게 덴노(天皇)의 영지든 다이묘의 영지든 벌목을 규제하는 정교한 관리 시스템이 갖춰집니다. 어느 지역에 어떤 종류의 수목이 몇 그루 있으며 또 언제 벌목이 가능한지를 상세히 기록하여 목록으로 관리했습니다. 그런 에도시대 산림보호 덕분으로 일본은 전 세계에서 예외적으로(제러드 다이아몬드에 따르면 유일한) 산림보존에 성공한 나라로 남았습니다.

산림보호정책이 가능했던 이유가 몇 가지 있습니다. 첫째는 에도시대 인구가 250년에 걸쳐 2,600~2,700만 명 수준으로 거의 일정했다는 데 있습니다. 또한, 유한한 자연자원을 지속 가능한 방식으로 소비하는 구조를 갖췄다는 점과 쇄국정책도 한몫했습니다. 일본 안에는 300개의 '구니(國)'가 존재했지만 '국경' 장벽으로 상품과 사람의 교류가 억제됐기에 화폐경제가 발달하지 못했죠.

이처럼 에도시대 통치 원리는 늘 한결같음, 즉 '정상(定常)'이었고, '성장'이 아니었습니다. 자식 세대든 손자 세대든 백 년후, 이백 년 후에 살아갈 후손까지도 지금의 나와 같은 땅에서 같은 생산양식과 생활문화를 영위한다는 것을 전제로 사회를 설계했습니다. 그것이 숲을 지켰습니다.

가격을 매길 수 없는 일본의 자연환경

레비 스트로스는 일찍이 직선적 시간 축에서 성장하는 사회를 '뜨거운 사회'라 했으며, 사계절의 변화를 즐기며 원환적 시간을 따라 흘러가는, 변화 없는 사회를 '차가운 사회'라고 했습니다. 레비 스트로스가 브라질 마토 그로소에서 지켜본 인디오는 신석기시대와 다름없는 평온한 생활을 영위하고 있었습니다. 인간의 성장과 노쇠, 사계절의 변화, 계절에 따른 제사와 아울러 집단 내에서 의례적으로 벌어지는 재화의 교환 등으로 그 나름대로는 규칙적 변화를 겪고 있었지만, 그것은 어디까지나 회귀적 변화일 뿐이었습니다. 한 바퀴 돌아 다시 원점으로 돌아오죠. 거기에 역사가 개입하는 직선적 변화란 없습니다.

'차가운 사회'는 "스스로 고안한 제도에 따라 역사적 요인이 사회 안정과 연속성에 미치는 영향을 대부분 자동으로 소거"하려 들기 때문입니다(레비 스트로스, 『야생의 사고(野生の思考)』, 오하시 야스오 옮김, 미스즈쇼보, 1976. 280쪽).

레비 스트로스가 에도시대 일본 사회를 들여다봤다면 아마 '차가운 사회'까지는 아니라도 '미지근한 사회' 정도는 된다고 하지 않았을까요? 미칠 듯한 경제성장과 기술 진화로 자연 파괴를 향해 돌진하는 유럽과 시간이 멈춘 채 살아가는 마토 그로소 인디오의 문명적 정지 상태 사이 어디쯤 위치한 '적당한 온도'의 에도시대 일본. 분명 레비 스트로스는 그 나름대로 높이 평가했으리라 봅니다.

레비 스트로스에 따르면 유사 이래 지구에 출현한 모든 사회집단은 규모와 상관없이 각각 고유한 방식으로 인간이란 무엇인지, 인간에게 세계란 무엇인지를 판단해 왔습니다. 고유한 윤리가 있었던 겁니다. 따라서 어느 한쪽만 인간적으로 옳고, 나머지는 인간으로서 잘못됐다며 물리칠 권리는 누구에게도 없습니다. 사회는 일직선으로 성장하며 진화의 역사과정을 거친다는 믿음 또한 기록으로 남은 유럽인 종족 고유의 편견에 지나지 않습니다. 유럽인의 세계관은 인디오나 애버리지니 세계관과 동등하다고, 레비 스트로스는 단언했습니다.

"역사적, 지리적으로 수없이 존재하는 다양한 양식 중에서 어느 한쪽에만 인간의 모든 가치가 담겼다고 믿는 것만큼 단순하고 자기중심적 생각은 없다."(같은 책, 299쪽)

적어도 150년 전까지만 해도 일본열도 주민은 고유한 '존재양식'에 따라 그 안에서 완만한 역사적 시간을 새기며 살아갔습니다. 그것은 청나라 사람도 조선 사람도 크게 다르지 않았습니다. 그런데 유럽 사람들이 몰려왔고, 아시아 사람들은 거의 폭력적으로 '뜨거운 사회'의 광적 진화와 성장 운동에 휘말렸습니다.

그런 일을 기나긴 타임라인에서 문명사적으로 파악한다면 '성장의 종말'을 맞이할 때 우리에게 어떤 대안이 있을지 조금은 보이지 않을까요? 일본에는 '풍요로운 산하'라는, 세계 어디에서도 찾아보기 어려운 이례적인 이점이 있습니다. 다양한 식생 덕분에 각종 동물이 번성하고, 맑은 물이 넘치듯 흐릅니다. 또한, 강한 편서풍은 대기를 깨끗하게 만들어주죠. 다시 말해 일본의 자연환경은 '가격산정 불가'입니다.

경제성장이 멈춘다고 자산이 사라지는 건 아니다

경제를 말할 때 경제학자는 하나같이 유동성만을 이야기합니다. 일본의 탄탄한 자산은 말하지 않죠. 그런데 '풍요로운 산하'라는 자산은 애초부터 누구든 아무리 많은 돈으로도 살 수 없습니다.

예컨대 일본에서는 음용수가 얼마든지 솟아나고 있죠. 파이프라인을 통해 말레이시아에서 음용수를 수입하고, 해수 담수화와 하수도 정화 플랜트에 막대한 예산을 쏟아붓는 싱가포르라면 믿을 수 없는 이야기입니다. 그런데도 일본인 스스로는 그만큼 풍요로운 자산을 누리고 있다는 사실을 자각하지 못합니다.

"일본인은 물과 안전이 무료라고 생각한다."라는 말이 있듯이 치안도 마찬가지입니다. 일본에서 총기 범죄는 거의 일어나지 않습니다. 2014년 일본에서 총기로 사망한 사람은 6명으로 2013년과 같습니다. 그런데 같은 해 미국에서는 3만 3천 명이 죽었습니다. 수치로 따지면 20년간 돗토리현 하나가 총으로 사라진 겁니다.

일본은 살인사건 발생 건수도 세계 최저 수준입니다. 10만 명당 0.31명으로 선진국 중에서 일본보다 안전한 곳은 싱가포르 정도뿐입니다. 가령 미국이나 멕시코 또는 브라질에서 그런 수준의 치안을 유지하려면 천문학적 비용이 필요할 겁니다. 국가예산 십수 년분을 투입해도 일본 수준의 치안 환경은 살 수 없습니다.

그만큼의 자산이 일단 이곳에 있습니다. 그 밖에 관광지도 있고, 온천도 있습니다. 신사와 절은 물론 전통문예가 있으며 세계 최고 수준의 식문화도 있죠. 이처럼 국민적 자산은 윤택합니다. 그런데도 일본의 자산에 감사하다고 말하는 경제성장론자를 본 적이 없습니다. 그들은 그런 자산의 가치를 제로로 평가하고, "유동성이 부족하다. 돈이 없다. 이대로 가면 일본은 끝이다."라며 소란을 피웁니다.

일본은 실제로 잘사는 나라이고 그런 자원을 모든 국민이 공평하게 나누면서 아껴 쓴다면 백 년, 이백 년은 쾌적하게 살아갈 수 있습니다. 그들은 그런 사실을 그저 숨기려고만 합니다. 경제성장이 멈추면 금세 나라가 망할 것처럼 악랄한 선동을 이어가죠. 그래서 원자력발전소는 재가동하고, 사회복지는 중단합니다. 고용조건은 열악한 상태로 버려두면서 리니어신칸센은 개통합니다. 마치 카지노에서 돈을 따듯이 고식적 '돈벌이'에 국가의 존폐가 걸린 것처럼 말합니다.

위험 신호를 알아챈 청년, 도시를 탈출하다

경제성장론자가 이상적 국가로 자주 거론하는 나라는 싱가포르입니다. 싱가포르는 '경제성장'을 국시로 내걸고 있는 나라이기 때문입니다. 싱가포르의 모든 사회제도는 경제성장에 도움이 되는지 아닌지 여부에 따라 적합성을 판정받습니다. 다시 말해 1965년 독립 이후 지금까지 일당체제를 이어온, 사실상 독재국가입니다(여당인 인민행동당이 1981년까지 의석 전체를 차지했으며 최근 2015년 총선에서도 야당은 89석 중 단 6석을 얻는 데 그쳤습니다).

치안유지법이 있어 반정부 인물을 영장 없이 체포·구금할 수 있습니다. 당연히 노동운동이나 학생운동이 없으며 반정부 성향의 언론도 없죠. 모든 사회제도가 글로벌 자본주의 체제에 최적화하도록 설계돼 세계에서 가장 비즈니스 하기 좋은 나라로 평가받고 있습니다.

아베 정권은 싱가포르를 하나의 이상으로 삼고 있음이 틀림 없습니다. 그러나 싱가포르가 경제성장을 국시로 내걸 수밖에 없는 이유가 있습니다. 자원이 거의 없습니다. 물과 식량은 물론 에너지에 이르기까지 살아가는 데 필요한 모든 것을 돈으로 사야 합니다. 돈의 흐름이 멈추는 순간에는 말 그대로 마실 것도 먹을 것도 사라지고 말죠. 그러니 경제성장을 최우선할 수밖에 없습니다. 그것을 막는다면 민주주의도, 입헌주의도, 언론의 자유도 용납하지 않습니다. 어떻게 보면 싱가포르의 판단은 충분히 합리적입니다.

그렇다고 일본이 싱가포르를 따라 할 필연성이 있을까요? 풍요로운 자연을 오염시켰으며 치안을 망친 데다 전쟁경제에 관심을 돌리고 있습니다. 그래서 "경기가 좋아졌다."라며 기뻐하는 인간을 위해 모든 국민이 귀중한 자산을 더럽힐 필요가 있느냐는 말입니다. 앞으로 일본은 일찍이 경험한 적이 없는 인구감소와 고령화 국면으로 접어들 겁니다. 그런 미증유의 위기상황에서 국민자원을 헐값에 내다 팔아 당장의 이익을 추구할 것인지, 아니면 중지를 모아 산하를 지키는 정상적인 시스템을 설계할 것인지 국민적 결단이 필요한 중대한 시기에 와 있습니다.

지금 젊은이가 도시 탈출에 관심을 기울이는 것은 '끝나가는 자본주의'를 직감한 행동이라고 생각합니다. 특별히 시골에 가면 '뭔가 멋진 일'이 있다고 생각해서가 아니라 '위험이 바싹 다가왔다'는 경계 신호를 감지하고 도시를 탈출하는 겁니다.

경보를 들었지만, 시골 생활에 발을 내딛지 못하는 사람에게 최대의 난관은 일자리입니다. 지방 이주 후 어떤 일에 종사할 수 있을지 모르고, 생활을 유지할 정도의 벌이가 가능할지도 알 수 없습니다.

물론 비즈니스맨처럼 사고하면 지방에서 일한다는 걸 상상하기 어렵겠죠. 어디에서든 살아보고자 하면서 나날이 늘어가는 수입을 기대하거나 수익 증대 또는 생산성 향상을 목표로 삼는 일은 주식회사적 발상이나 다름없습니다. 비용 절감이나 조직 관리를 생각하는 순간, 다시 원래 자본주의적 사고로 돌아가고 말 겁니다.

주식회사에 다닐 때 몸에 밴 성장모델을 지방 생활에 적용해서는 안 됩니다. 도시를 탈출했다면 일단 자본주의 상식을 버릴 필요가 있습니다. '탈 도시'란 '탈 시장·탈 화폐' 경제로의 전환을 의미합니다. 다시 말해 '성장 모델'에서 '정상 모델'로의 전환입니다.

제3장

—

국가의 주식회사화

회사원 마음 자세를 버려라

당 지도부에 무조건 복종하는 예스맨 국회의원

아베 정권 이후 **정치의 주식회사화**가 급속히 진행되고 있습니다. 총리 측에서 상정한 법안은 실질적 심의가 이뤄지지 않은 채 대부분 국회를 통과합니다. 국회가 제대로 기능하지 못하고 있죠. 야당이 아무리 강경하게 반대하더라도 위원회는 법안 체결을 강행하고, 본의회가 열려도 찬반토론은 의례적일 뿐 기계적으로 다수결에 부칩니다. 법안의 중요성이 크면 클수록 심의다운 심의는 이뤄지지 않습니다.

최근 2년간 벌어진 국회 심의 과정을 보면 누구라도 이제 '국회는 국권의 최고기관이 아니고, 국민의 뜻을 대표하여 국가의 위상을 논의하는 장'이 아니라는 인상을 받을 겁니다. 이제 국회는 심의의 장이 아닙니다. 일본은 민주주의 국가이며 입헌정치가 이뤄지고 있다는 알리바이를 위한 '정치쇼' 무대에 지나지 않습니다.

그런데 그런 입법부의 형해화(形骸化)는 어느 정도 의도적으로 만들어진 겁니다. 예를 들어 국회의원이 본회의장에서 졸고 있다거나 스마트폰 화면만 들여다보고 있다거나 하는 태만한 모습을 인터넷 공간에 거침없이 떠돌게 하는 것이 전형적 수법이죠. 국회의원이 '일을 제대로 안 한다'고 인식하게끔 조작하는 데는 웬일인지 우파 매체든 좌파 매체든 일치단결하고 있습니다. 미디어가 연일 전하는 뉴스는 국회의원 추문이나 수뢰, 공금 유용 등 자질을 의심케 하는 내용뿐입니다. 사람들이 그런 보도를 접하면 '국회의원이 되면 타락한다'고 생각하기보다는 '원래 품위도 없고 윤리적이지 못한 인간만 국회의원이 된다'고 인식하게 됩니다. 일면으로는 분명히 사실일지도 모릅니다. 유권자는 허망함을 느끼겠죠. 그러나 정당 지도부가 변변찮은 인물만을 굳이 후보로 내세워온 결과라는 사실을 잊어서는 안 됩니다.

지금 만약 일본에서 문자 그대로 정당정치가 이뤄지고 있다면 정당 지도부는 정치적 식견이 높고, 인격적으로 훌륭하며, 청렴결백한 인물을 선택할 겁니다. 의원 한 사람 한 사람이 갖춘 개인적 역량의 총합을 정당의 '힘'이라고 본다면 그렇게 해야 마땅합니다. 그러나 실제로는 그렇지 않죠.

지도부가 우선 요구하는 인물은 지도부의 지시에 무조건 복종하는 '예스맨'입니다. 스스로 생각하고 자신의 윤리에 따라 행동하는 정치인은 필요치 않습니다. 왜냐면 실력이 좋고, 정치적 신념도 있으며, 자신의 조직도 갖춘, 정당의 공천 없이 당선 가능한 정치인을 섣불리 들였다가는 뒷감당을 못 하기 때문입니다. 그처럼 통제하기 어려운 의원을 되도록 줄이는 것이 기존 자민당에서 공산당에 이르는 모든 정당의 공통 매뉴얼이자 기본방침입니다.

따라서 현재는 어떤 정당이든 '오디션' 하듯이 입후보자를 뽑고 있습니다. 지도부 입맛에 맞는 인물을 적당한 선거구에 보내고, 자금과 조직을 모두 당이 준비하고 운영합니다. 그 결과, '개인의 실력만으로는 평생 국회의원이 될 수 없을 것 같은 사람'이 차례로 국회의원으로 나서게 된 겁니다. 그런 과정으로 정당은 '지도부의 지시에 절대로 반항하지 않는 대량의 국회의원(반항하면 공천 취소 또는 다음 선거에 배제)'을 확보할 수 있었습니다. 이런 조직 설계에 동의하는 정치인은 아마도 예스맨만으로 이뤄진 조직이 관리 비용도 적어 효율적일 뿐 아니라 생산성이나 전투력도 높다고 믿는 듯합니다.

그런데 자본주의 사회가 예스맨과 톱다운 방식의 이른바 '상명하복' 조직을 선호하는 이유는 비즈니스의 본질이 바로 '시간 경쟁'인 데 있습니다. Time is money.

주식회사를 모델로 삼는 이상한 행정

조직 전체가 시간을 들여 신중하게 논의한 뒤에 경영방침을 합의하는 기업은 눈 뜨고 코 베이는 자본주의 경쟁에서 살아남을 수 없습니다. 적어도 자본주의 운동장에서 선수들은 그렇게 믿고 있습니다. 그런 믿음이 있는 사람만이 남다 보니 일본 사회는 어느새 주식회사처럼 되고 말았습니다. 행정과 의료, 학교는 물론 딱히 돈벌이와 관계없는 기관까지도 말입니다. 모두가 주식회사를 모델 삼아 제도를 뜯어고치는데, 아무도 반론을 펼치지 않습니다.

얼마 전, 오사카부(府) 지사였던 인물이 행정기관을 향해 "민간 조직이라면 어림없는 일"이라고 비판했습니다. 그때 "행정은 주민에게 한결같은 서비스를 지속적으로 제공하기 위한 것이지 주식회사처럼 '우상향' 모델을 기준 삼아 행정을 재편하는 건 무리다."라고 반론을 제기한 사람은 어디에도 없었습니다. '톱다운 방식의 조직일 것, 조직의 방침을 정하는 데 되도록 시간을 들이지 말 것(시간 투입이 제로에 가까울수록 좋음).' 이런 룰을 적용해야 좋은 조직도 있겠지만 적용해서는 안 되는 조직도 있습니다. 그런데 제가 아는 한 단 한 명도 이렇게 말하는 사람이 없습니다. 미디어에 등장하는 지식인조차도 '톱다운 방식의 조직 체계, 부하는 전원 예스맨, 조직 내 합의 형성 과정에 시간을 들이지 말 것'이라는 명제에 (심사숙고 없이) 수긍하는 모습을 보였습니다.

왜 '그런 일'이 벌어졌을까요? 사태는 심각하지만 이유는 그다지 복잡하지 않습니다. 단적으로 말해 산업구조가 변화한 까닭입니다. 산업구조의 변화에 따라 일본인 대부분이 주식회사 조직에서 일한 경험밖에 없는 시대가 됐기 때문에 '그런 일'이 일어난 겁니다.

회사원에게 '사회'란 바로 '회사'입니다. '사회로 나가다'라는 말은 '회사에 들어가다'라는 의미입니다. 그러나 세상에는 주식회사가 아닌 조직, 돈벌이 이외의 목적으로 설계된 제도가 존재합니다. 뿐만 아니라 인류 역사를 돌아보더라도 인간은 대부분의 시대를 '돈벌이를 위해 설계된 제도'가 없는 곳에서 일생을 보냈습니다. 그런 사실을 현대 일본인은 전혀 모릅니다. 그렇다 보니 '그런 일'이 벌어지고 있죠.

제가 어렸던 시절, 1950년대에는 일본 인구의 절반이 농촌 지역에 살았고, 전 세대의 50%(겸업 포함)가 농사를 지었습니다. 2016년 현재, 일본의 농업인구는 190만 명으로 전체 인구의 1.5%밖에 안 됩니다.

지금부터 불과 수십 년 전의 일이지만, 그 시대 사람은 대부분 농촌에서 살면서 촌락공동체의 조직 원리를 내면화했어요. 당시 사람들에게 최우선 과제는 '내년에도 올해처럼 지내는 것'이었습니다. 내년에도 올해와 다름없는 생산 환경과 생산 기술로 수확해 제사나 의례를 지낼 수 있고 기근과 수탈에도 버틸 수 있는, 정상(定常)적 삶을 최우선 과제로 삶았습니다(그만큼 '변함없는 삶'조차 영위하기 어려웠던 겁니다).

농촌공동체에서는 의사 결정이 필요할 때 시간을 아끼지 않고 충분한 논의를 했습니다. '시간이 돈이다' 따위의 말을 꺼내는 사람은 없었어요. 왜냐하면 농촌에서 시간은 작물 재배에 필요한 시간을 기준으로 돌아가기 때문입니다. 땅을 갈고, 씨를 뿌린 후 햇빛과 비가 작물을 키우는 과정을 지켜보며 수확의 계절을 기다립니다. 이처럼 사람들은 **식물적 시간 속에서 살아갔습니다.** 그런 시대에 '톱다운, 스피드, 돌파력, 속전속결, 이노베이션'과 같은 말을 하는 사람은 없었습니다.

본래 일본 정당정치는 촌락공동체의 의사결정 시스템을 모델로 설계했습니다. 1980년대까지는 설계대로 따라갔어요. 그래서 흙냄새 물씬 풍기는 '물밑작업'[1]이라든가 '담합' 또는 '대합정치'[2]라는 말에서 알 수 있듯이 합의 형성 과정에 시간과 노력을 들이는 게 일반적이었습니다. '촌락공동체를 모델로 삼은 민주주의'가 일본의 민주주의였으며 이것을 누구도 의심하지 않았습니다.

그런데 어느새 촌락공동체와 도시에 남아 있던 지역공동체가 사라져 버렸습니다. 정신을 차리고 보니 일본인 대부분은 영리기업의 종업원이 돼 있었습니다. 그리하여 주식회사의 생리

---

1) 원문에는 '네마와시(根回し)'로 되어 있다. 네마와시는 나무를 옮겨심기 전에 뿌리가 상하지 않도록 뿌리 주변을 정리하는 작업을 의미하지만, '사전 교섭'이라는 뜻으로도 쓰인다.

2) 대합(待合)정치는 일본의 특수한 정치 관행으로 공적으로 처리해야 할 중요한 정치적 결정을 고급 요정과 같은 밀실에서 하는 것을 의미한다.

가 우리 안 깊숙이 들어와 내면화한 것이죠.

주식회사의 생리는 한마디로 말해 우상향의 곡선을 그리는 데 있습니다. 'Grow or Die'를 사시로 내건 경영자가 있었습니다. "성장 아니면 죽음." 그는 머릿속에서 '항상성'을 이미 '죽음'으로 분류해놓은 겁니다. 그런데도 사시를 이상하게 여기지 않고 매일 따르는 사원들이 있으며 또 그런 경영자에게 일본 사회는 어떻게 해야 좋을지를 묻는 미디어도 있습니다. 물론 그런 사람이 있어도 상관없습니다. 하지만 "세상은 다 그렇지 않다"며 이의를 제기하는 사람은 어디에도 없습니다. 이상한 일이죠.

우리 시대가 도착된 이유는 '주식회사'라는 매우 기묘하게 성립한(18세기 영국에서 탄생했으니 고작 250년 정도의 역사가 있을 뿐인) 조직이 어느새 사회제도의 모델이 됐다는 사실에 있습니다. 아울러 모든 조직은 주식회사를 기준으로 제도를 마련해야 한다는 억지 판단이 마치 진리인 양 널리 퍼졌다는 사실도 한몫하고 있습니다. 진심으로 그렇게 믿는 사람을 딱히 이상하게 보는 건 아닙니다(무엇이든 믿는 사람은 있죠). 단지, 세상이 그렇게 진심으로 믿는 사람으로 가득 찼는데도 누구 하나 이상하다고 생각하지 않는다면 그것이야말로 '이상한' 일입니다.

박수 주총이 돼버린 국회

정당도 주식회사처럼 돼버렸습니다. 어느새 그렇게 변했죠. 그렇다고 특별히 누군가가 사악한 마음을 품고 음모를 꾸몄기에 변한 건 아닙니다. 정치인 대부분이 '정당조직 또한 주식회사를 기준으로 운영해야 한다'는 쪽으로 생각이 기운 현실이 그 원인입니다.

주식회사에서는 정상에 있는 한 사람이 경영방침을 결정합니다. 그 사람에게 모든 권한과 정보가 집중됩니다. 경영자가 경영방침의 적합 여부를 따질 때마다 직원들을 모아놓고 일일이 의견을 듣고 합의점을 도출하는 민주적 기업은 이 세상에 존재하지 않습니다. 경영자는 임기가 정해져 있지만, 일단은 전권을 갖고 있습니다. 말하자면 주식회사에 행정부는 있지만, 입법부나 사법부는 따로 없습니다. 원리적으로는 독재나 다름없죠. 그런 일이 가능한 이유는 독재자 위에 '시장'이라는 최고심급이 군림한다는 데 있습니다.

아무리 1인 독재 경영자라도 채택한 경영방침에 잘못이 있다면 시장은 즉시 심판을 내려 선수 자격을 박탈합니다. 경영 판단의 실수는 판매 부진과 매출 하락으로 이어지고, 순식간에 주가 하락이라는 결과로 나타납니다. 시장은 그런 일에 곧바로 반응합니다. 따라서 모든 경영자가 시장을 떠받들지 않고서는 경기에 참가할 수 없습니다. 따라서 신앙고백처럼 매일 되새깁니다.

싸구려 상품이라도 선호하는 소비자가 있다면 경영자의 판단은 존중받습니다. 반면에 제품이 아무리 뛰어나고 가격이 적정하더라도 소비자의 욕망을 촉발하지 못한다면, 그 경영자는 잘못된 판단을 내린 겁니다. 그런 규칙이 현대 일본인의 내면에 깊숙이 자리 잡고 있습니다. 따라서 정치 프로세스도 그대로 닮아갑니다.

지금 정치인은 총리를 '사장'으로, 총리 측에서 주력하는 정책을 '신상품'으로, 선거 득표를 '매출'로, 그리고 의석 점유율을 '주가'에 견주어 생각합니다. 나아가 사법부는 '법무팀'이고 **입법부는 '주주총회'입니다.** 주식회사를 모델로 따르는 정치과정을 살펴보면 그런 모양새가 됩니다.

주총은 분명히 스테이크홀더(이해관계자)의 의사를 모아 경영 성과를 논하는 자리지만, 모든 경영자는 '박수 주총'으로 끝나기를 바라마지 않습니다. 주주총회를 주관하는 기업 총무부는 경영자 측 제안에 반론이 나오지 않도록 심의시간을 극도로 단축하는 데 모든 역량을 기울입니다. 앞의 글에서 주주총회를 '국회'로, 경영자를 '정부'로, 총무부를 '국회 운영위원회'로 대체하면 현재 일본 의회정치의 행태를 그대로 기술한 셈이 됩니다.

주주총회는 법률상으로 높은 권한을 갖고 있지만, '가능하다면 실질적 논의 없이 박수 통과로 마무리되는 것이 바람직하다'

는 생각으로 진행됩니다. 회사원 마음 자세가 뼛속까지 박혀 있는 현재 일본 정치인의 관념에는 국회는 주주총회 같은 거라는 생각이 자리 잡고 있는 듯합니다. 그러니까 국회에서도 되도록 심의가 생략되는 게 바람직하고, 그것이 총리 측의 바람이라고 생각하는 것이죠. 따라서 여당 의원은 다음 선거 공천을 위해서 최대한 국회에서 심의가 진행되지 않게 노력하는 일을 최우선 과제로 삼습니다. 국회의 존재 의의를 무력화하는 데 공을 쌓아야 다음에도 공천을 받고 국회의원이 될 수 있는 겁니다.

정작 의원들은 그런 구조의 부조리함을 모릅니다. 실제로 여당 의원 중에는 국회 심의가 '짜고 치는 고스톱'이라는 말을 부끄럼 없이 내뱉는 사람이 있었습니다. 자신은 총리 측 '본심'을 대변했으니 그것으로 총리 측의 총애를 받게 되리라고 생각하는 거죠. 자신이 고스톱 판의 일원이라고 공언하면서 자리를 보장받을 수 있겠지만, 유권자는 '이제 국회는 기능하지 않는다'는 절망감에 사로잡힐 뿐입니다. 입법부의 위신을 깎아내리고 그 존재를 유명무실하게 만드는 데 이바지할수록 의석을 더 많이 얻게 되는, 그런 악마적인 구조는 이미 오래전부터 작동하고 있습니다.

하지만 여당 의원이 자신을 회사원으로 간주한다면 그것은 너무도 당연한 일입니다. 입헌주의에서 입법부의 위신이 땅에 떨어지면 그만큼 행정부의 위신이 높아지는 결과로 나타납니다. 따라서 입법부의 위신을 낮추는 데 공을 세우면 당연히 행정부 수장에게서 포상을 받습니다. 차기 선거 공천이나 차기 장관 자리가 바로 그것이죠.

독재국가로 향하는 일본

입법부의 위상 저하와 무력화로 국가권력 최고기관은 입법부에서 행정부로 바뀌었습니다. 얼마 전 총리가 국회에서 "나는 입법부의 수장"이라고 실언했죠. 프로이트까지 언급하지 않더라도 '내가 입법부의 수장'이라는 확신을 무의식적으로 드러낸 겁니다.

행정부가 입법부와 사법부 위에 있고, 사실상 그 두 가지 기능을 대행하는 정치체제를 '독재'라고 부릅니다. 착각하지 말아야 하는 사실은 독재체제가 반드시 혁명이나 쿠데타로만 성립하지 않는다는 겁니다. 입법부의 위상이 사라져 국민이 '입법 기능은 끝났다'고 판단하는 시점에서 독재체제는 자동으로 성립합니다. 독일의 히틀러, 이탈리아의 무솔리니, 프랑스의 페탱 정부도 모두 "논의했지만 더는 국민적 합의점에 도달할 수 없게 됐다. 따라서 긴급 대책으로 행정부에 전권을 이관한다."라는 민주적 의사 결정 과정을 통해 성립했습니다. 국민의 합의 형성 기관으로서 국회가 무능하고, 지도력과 비전을 상실했음을 인정할 때 민주제는 끼워팔기식으로 독재체제로 넘어갑니다.

다수가 오해하는 듯해서 말씀드리지만, 민주제와 독재는 대립 개념이 아닙니다. 독재의 대립 개념은 민주제가 아니라 공화제입니다. 공화제란 일시적인 열광이나 인기에 휘말려 나라의 근간 정책이 변경되지 않게 하는, 다시 말해 **사안이 좀처럼 쉽게 결정되지 않게 설계한 정치체제입니다.**

또한, 민주제는 독재와 모순 관계에 있지도 않습니다. 얼마든지 민주제에서 독재로 변할 수 있죠. 그렇다고 행정부가 내놓은 정책이 연이어 성공해 국민적 지지를 받아야 가능한 것도 아닙니다. 독재로 가는 데 필요한 것은 입법부의 위상 전락, 그것 하나로 **충분합니다.**

실제로 지금 일본 정부가 내놓는 정책은 대부분 실패하고 있습니다. 외교는 물론 내정에서도 중요 정책은 '참담한 실패'와 '변변찮은 성과' 사이 어딘가에 있습니다. '무능하다'는 행정부에 대한 평가는 그나마 나은 쪽에 속합니다. '국정 홍보' 기관으로 전락한 언론을 통해 정치를 바라보는 사람들은 정부 정책이 모두 대성공이라고 믿습니다. 그러나 입법부에 대한 국민의 인식은 그저 '무능' 정도가 아니라 '무의미'입니다.

'무능'하다는 평가에는 능력을 더 발휘해달라는 요구가 포함돼 있습니다. 반면에 '무의미'하다는 평가는 다릅니다. **국회 따위는 사라져도 상관없다는 의미입니다.** 실제로 그런 여론이 조성되고 있습니다. 총리 측에서는 전력을 다해 국회 심의가 얼마나 무의미한 과정인지를 널리 드러내려 하고, 그런 전략은 차근차근 성과를 거두고 있습니다.

입헌정치와 민주주의가 살아남으려면 국회가 기능하는 모습을 구체적으로 보여주는 수밖에 없습니다. 특별히 제가 국회 심의를 거친 훌륭한 정책이 계속해서 실현되기를 바란다는 이야기는 아닙니다. 다만, 그런 일을 떠나 총리 세력이 상정하는 법안이 국회 심의 과정에서 간단하게 통과되지 않고, 또 모든 사안이 간단하게 결정되지 않기를 바랍니다.

제4장

—

정상경제와 증여
선대의 자산을 다음 세대에

인구소멸 지역인데도 장사가 망하지 않는 이유

탈자본주의 시대의 경제는 어떤 형태가 될까요? 먼저 작은 규모의 지역공동체를 중심으로 변화가 시작되리라 보는데, 정상(定常)경제를 들 수 있습니다. 지금 보유한 자원을 소중히 지켜 다음 세대에 물려주는 것을 목표로 삼는 장기 모델입니다. 정상경제 모델이 에도시대를 제외하고 성공한 사례는 없습니다. 물론 지금은 에도시대와 역사적 상황이 크게 달라 그런 모델을 적용하기 어렵습니다. 따라서 우리가 직접 정상경제 모델을 만들어야 합니다.

정상경제의 목표는 보유한 자원을 되도록 고품질 상태로 유지하는 데 있습니다. 한마디로 자원을 손쉽게 돈으로 바꾸지 않는 겁니다. 자연환경의 가치를 산림지역의 땅값이나 목재 판매 대금으로 따져봐야 얼마 되지 않습니다. 그런데도 욕심에 눈이 멀어 팔아치우다가는 큰일이 벌어집니다. 산림파괴는 생태계나 강 유역, 바다 같은 삶의 터전에 치명적 피해를 불러올 수 있습니다. 강바닥 토양 침전으로 홍수가 나고, 바다는 토양 유출로 오염됩니다. 이에 따른 해양자원 고갈 피해는 푼돈으로 되돌릴 수 있는 문제가 아닙니다.

반복해서 이야기했듯이 일본열도는 풍요로운 자연환경의 혜택을 봤습니다. 한번 잃으면 지금의 일본 경제력 수준으로는 영원히 되살릴 수 없습니다. 그 정도로 가치가 높습니다. 따라서 무엇보다도 산하를 지켜야 합니다. 이를 위해서는 가능하지도 않은, 경제성장을 과감히 포기해야 합니다.

그런 삶을 모델로 삼아 실험적으로 살아가는 사람들이 이미 일본에 있습니다. 제가 고베에 개설한 가이후칸(凱風館)은 합기도 도장이자 공부방이기도 한데, 기후현 나카쓰가와(中津川)시 가시모(加子母)에 있는 나카지마 공무점에서 지어줬습니다. 노송나무 산지로 유명한 가시모는 에도시대부터 지금까지 줄곧 식재와 제재를 비롯한 목조건축 문화와 기술이 전승되는 곳입니다.

나카지마 공무점 나카지마 노리오 사장의 초대로 가시모에 방문한 적이 있습니다. 히노키노비린(이세신궁을 옮겨 지을 때 필요한 노송나무를 식재해 놓은 곳)을 걸으며 목조건축과 목공제품을 견학했습니다. 그런데 그곳에서 제가 가장 놀란 건 인구 3,000명 촌락에 음식점 여러 곳이 영업하고 있다는 점이었습니다. 나카지마 사장에게 물었더니 27곳이 있다는 겁니다. 인구 3,000명 마을에 식당이 27곳이나 있다니 '말도 안 된다'고 생각했죠. 어림잡아 한 곳당 손님이 100명 정도밖에 안 되니까요. 인구수가 그 정도밖에 안 되는 곳에서 유지가 될 리가 없습니다. 인구 3,000명 마을에서 이익을 낼 수 있는 적정 업소는 기껏해야 2, 3곳 정도겠죠. 그래서인지 가시모에는 패스트푸드점이나 전국 체인망이 있는 편의점이 없습니다. 동네 슈퍼가 하나 있을 뿐입니다. 그렇게 시장이 작은 곳에서 그 많은 음식점이 공존하는 방법은 무엇일까요? 마을 사람들은 음식점이 모두 운영할 수 있도록 서로 거리를 두는 방안을 마련했습니다. 주민이 각각의 가게를 분산해서 조금씩 이용하면, 어느 곳이나 수익을 크게 내지는 못하겠지만, 생활이 가능한 정도는 된다는 겁니다. 그 말을 듣고는 이것이 하나의 정상경제 모델이라고 생각했습니다.

그런데 어떻게 그런 '나눠 먹기'가 가능했을까요. 물론 의지만 있다면 할 수 있겠지만, 실행하기는 쉽지 않은 일입니다. 어디에서 식사할지는 각자가 선택하고 싶어 할 테니까요.

가시모에서 그런 일이 가능했던 것은 함께 살아가는 데 필요한 지혜가 공유됐던 덕분입니다. 마을은 노송나무라는 자원을 지키면서 조림과 제재, 목조건축 기술을 전승하고 있습니다. 따라서 숲과 기술을 다음 세대에게 물려줘야 한다는 사명을 집단으로 공유하고 있죠. 한마디로 지역공동체의 상호부조, 상호지원 마음 자세가 겉으로 드러난 겁니다.

정상경제가 실현되려면 이처럼 특별한 조건이 필요합니다. '성장은 이제 됐다'는 팽만감으로는 경제 모델을 바꿀 수 없죠. 자원은 소중한 것이라는 생각만으로도 부족합니다. **어떤 일이 있더라도 다음 세대에 물려줘야 한다는, 선대에게서 계승한 사명**을 자각하지 않고서는 불가능한 일입니다.

자신이 속한 공동체에는 지금 이곳에 있는 사람뿐 아니라 이미 죽은 사람들과 앞으로 태어날 아이들도 포함돼 있습니다. '내가 속한 공동체' 구성원에는 죽은 자와 아직 태어나지 않는 자도 포함된다는 상상력이 작동해야 비로소 정상경제가 가능합니다. 저는 그렇게 생각합니다.

GDP가 제로일지라도 교환으로 풍족하게

가이후칸은 활발한 활동으로 지역공동체의 허브로 기능하고 있습니다. 합기도를 비롯한 무도 수련생과 서당 세미나 학생을 합쳐 200명의 구성원이 참여하는 교육 공동체입니다. 같은 유파 도장 수련생과 대학 동아리 출신 졸업생까지 합하면 300명 정도 됩니다.

구성원 사이에는 성별이나 나이 또는 직업을 초월해 유대감이 친밀하게 형성돼 있습니다. 가이후칸에서 도보로 10분 거리에 20명 정도가 살고 있습니다(다니기 편하도록 도장 인근으로 이사 온 겁니다). 아이가 있으면 서로 도와 육아를 하고, 낚시라도 다녀오면 회를 보내주기도 하고, 농사짓는 사람은 수확한 쌀과 채소를 가져다주기도 합니다. 김을 보내주는 어부도 있고, 컴퓨터 문제를 해결해주는 IT 전문가도 있습니다. 이와 마찬가지로 의사는 도장에서 응급처치를 맡아 줄 뿐 아니라 전문병원까지 소개

해주는 등 구성원 각자는 자신이 갖춘 특기나 정보를 활용해 공동체에 서비스를 제공합니다. 이처럼 가이후칸에서는 활발한 교환이 이뤄지고 있습니다. 그런데도 **돈이 개입되지 않습니다.**

가이후칸에서 오가는 것들은 시장에서 상응하는 값을 치르고 사야 할 양질의 서비스입니다. 하지만 이곳에서는 화폐를 사용하지 않습니다. 내가 서비스를 받았다면 언젠가 내가 가진 능력으로 '보답'하면 됩니다. 규칙이 그렇습니다. 화폐가 작동하지 않으므로 가이후칸에서 이뤄지는 경제활동 면에서는 GDP가 제로라고 할 수 있습니다. 그러나 그곳에서는 명백하게 '재화'의 교환이 일어나고 있죠. 구성원들은 그런 교환 활동으로 삶의 질을 높이고 있습니다.

"편리하겠네요."라고, 많은 이가 말합니다. 그렇다고 "자, 우리도 해봅시다."라고 쉽게 말할 일은 아니라고 생각합니다. 가이후칸은 작은 곳이라 그 나름대로 비시장경제와 비화폐경제의 현장이 될 수 있었고, 무엇보다 그런 일이 가능했던 배경에는 **교육 공동체**가 있습니다.

증여에 포함된 의무

제게는 두 분의 스승이 있습니다. 합기도 스승이신 다다 히로시(多田宏) 선생과 프랑스 철학자 에마뉘엘 레비나스(Emmanuel Lévinas) 선생입니다. 저는 다다 히로시 선생에게 배운 무도의 예지와 기법을, 레비나스 선생에게서 배운 철학적 지견을 다음 세대에게 전할 의무가 있다고 생각합니다. '어떤 일이 있더라도 다음 세대에게 물려줘야 한다'는, 선대로부터 이어지는 사명을 자각하고 있습니다. 물론 주관적인 생각이죠. 제 마음대로 정한 일이지만 선조에게서 받은 임무를 후세에 전해야 하는 과제가 제게 맡겨졌다고 생각합니다.

'맡겨진 것'은 바꿔 말해 '증여받은 것'입니다. 증여받은 이상 제게는 반대급부라 할 수 있는 의무가 생겼습니다. 받기만 하고 주지 않으면 후환이 있으리라 생각합니다(저는 마르셀 모스가 말한 '하우'[1]의 효과를 믿습니다. 그래서 연하장을 받으면 반드시 답장을 보냅니다). 증여받았으니 답례합니다.

스승에게 증여받은 것에 대한 반대급부는 스승에게서 받은 것을 스승에게로 돌려주는 행위를 의미하지 않습니다. 반대급부의 임무는 오로지 자기 제자에게 증여하는 방법으로만 완료할 수 있습니다. 다만 제가 스승에게서 받은 것은 너무도 커서 쉽사리 상쇄되지는 않을 겁니다. 일흔 살 가까이 되도록 스승에게서 도대체 무엇을 배웠는지 모를 정도로 크니까요. 그래서 되

---

1) 모스는 원시부족들이 물건을 서로 주고받는 교환 행위에 숨어 있는 '호혜성'의 원리를 발견했다. 그들은 선물에 깃든 '영혼'을 '하우'(hau)라고 부른다.

도록 많은 제자에게, 되도록 오랜 시간을 들여 스승에게 배운 것을 전달해야 합니다. 교육공동체를 장기간 지속해온 이유가 여기에 있습니다. 스승에게서 받은 것이 크므로 교육 활동에 더욱 전념하면서 임무를 완수하려 합니다.

저는 스승에게서 선물을 받았고, 그것을 제자들에게 전달합니다. 제자들은 그들대로 제게서 받은 증여의 반대급부 의무를 인지합니다. 그런데 반대급부 의무를 완수하려면 그들 또한 자신의 제자를 양성해야 합니다. 그러지 않으면 증여 분을 상쇄할 방법이 없으니까요. 교육공동체는 이런 메커니즘으로 이어집니다.

단순히 상호부조 공동체를 만든다고 모두가 즐겁게 살아갈 수는 없습니다. 예컨대 공유주택이라든가 공동육아 또는 공동 간병 같은 조직은 실제로 구성원들에게 구체적인 편익을 제공합니다. 좋은 아이디어죠. 하지만 30년, 50년 장기간에 걸쳐 지속할 수는 없습니다. 그런 공동체 내부에서 이뤄지는 '서비스'는 일종의 상품으로 인식되기 때문입니다. 서비스를 이행한 사람은 등가의 서비스를 다른 구성원에게 기대합니다. 그래서 구성원 사이에는 '받은 몫'과 '주는 몫'이 다르면 안 되겠죠. 일부에게만 부담이 쏠리고, 다른 일부는 부당하게 이득을 취한다는 불공평한 느낌이 드는 공동체는 오래가지 못합니다.

회사원 마음 자세와 공동체

일본의 연금제도와 관련해서 "노인들에게만 유리하고 젊은 이들에게는 불리하다. 노인들을 쫓아내고 우리만의 연금제도를 만들자."라고 주장하는 사람이 있습니다. 얼핏 들으면 합리적인 것 같지만 그런 사고로는 상호부조 공동체를 유지할 수 없다고 생각합니다. 왜냐면 '젊은 세대만의 공동체' 역시 '준 몫'과 '받을 몫'이 정확하게 일치하기를 기대하기 어렵기 때문입니다. '강자 연합'도 구성원들이 점차 늙어가고, 병들거나 파산하거나 해고당하거나 이혼할 수 있습니다. 하지만 지원을 받을 시기는 '받을 몫'이 '준 몫'보다 많은 때입니다. 또한, '강자 연합'은 '공동체에 기생하는 무임승차자를 배제한다'는 규칙에 동의한 사람들이 만들었기에 자신도 역시 '받을 몫'이 '준 몫'을 넘어서는 순간, 배제된다는 조건에 동의해야 합니다. 따라서 '강자'만의 상부상조 조직은 쇠약을 거듭하다가 결국 구성원이 아무도 남지 않게 됩니다.

공동체 내부에서 재화나 서비스 교환을 상거래처럼 생각하면 왜 안 되는지 그 이치를 조금은 이해했으리라 생각합니다. 우리가 살아갈 때 필요한 사회제도 모든 것은 선대의 선물입니다. 본래 국민국가도 그런 규칙에 따라 운영됐을 겁니다. 되도록 손실 없이, 되도록 풍족하게 후세에 전달해야 한다고 생각하는 사람들이 국민국가의 주류를 차지했던 시기에는 삶의 촉감이 좀 더 부드럽지 않았을까 싶습니다.

하지만 지금의 일본을 보면, 권력과 재화는 물론 사회적으로 높은 지위를 누리는 자들이 자신이 누리는 것을 선대의 선물로 여기지 않고, 또 그것을 다음 세대에 전달해야 한다고 생각하지도 않습니다. 손에 넣은 모든 건 자기 노력으로 얻은 것이고, 그것을 누리거나 처분할 권리도 전적으로 자신에게 있다고 생각합니다. 우리는 "뭐가 아쉽다고 나의 재능과 노력으로 이룬 성과를 남들과 나눠야 하느냐."라며 목에 핏대를 세우는 인간이 성공인이랍시고 대중매체에서 인기를 끄는 시대를 살고 있습니다.

그들처럼 주식회사의 논리를 깊이 내면화한 사람은 안타깝지만 공동체를 만들 수 없습니다. 우리가 지금 누리는 사회제도, 언어, 학문, 종교, 생활문화 등 모든 것이 선대의 선물입니다. 우리가 자력으로 얻은 건 거의 없습니다. 그러니 그것을 되도록 온전한 형태로 미래세대에 넘겨줘야 합니다.

증여받은 것에 반대급부의 의무가 포함돼 있다는 규칙을 내면화한 사람을 '인간'이라고 부릅니다. 인간사회에서 일어나는 일의 의미를 상품과 화폐의 교환으로만 따지는 사람은 엄밀하게 말해 인간이 아닙니다. **인간만이 공동체를 만들 수 있습니다.** 현대 일본 사회에서 지역공동체와 혈연공동체가 붕괴된 이유가 바로 여기에 있습니다.

제5장

—

소국과민(小国寡民)과 '하이퍼 글로벌'

글로벌리즘과 반(反)글로벌리즘의 균형점

자본주의 최후의 보루, 군수산업

"선생님, 이 집은 천 년을 버틸 겁니다." 앞서 말한 나카지마 공무점의 나카지마 노리오 사장이 가이후칸을 짓고 나서 한 말입니다. 그런데 곰곰이 생각해보면 그 말은 뭔가 이상합니다. 자본주의 논리로는 '천 년을 버티는 집'이 필요 없기 때문입니다. 천 년 가는 집을 만들다가는 수요가 금세 포화 상태에 이르고 맙니다. 집은 얼마 안 가서 흠이 생기고, 디자인이나 설비가 시대에 뒤떨어져야 '대체수요'가 일어납니다. 다시 말해 집안 여기저기 하자가 발생해야 합니다. 그래야 집주인이 "보수할 바엔 새집을 사는 편이 더 싸요."라는 업자의 말에 혹하니까요. 그런 식으로 집을 파는 방식이 자본주의에서는 일반적으로 통용됩니다. 자본주의는 되도록 빨리 상품에 싫증 나서 사용자가 질리거나 불편해지길 바라죠. 훌륭한 제품을 만들어 오랫동안 사용할 수 있게 하려는 장인정신과는 지향점이 완전히 다릅니다.

성장경제 구조에서 자본가는 시장에 상품을 출시할 때 되도록 빨리 상품에 흠결이 생겨 소비자가 빨리 질리거나 사용할 수 없게 만들려고 합니다. 그러지 않으면 새로운 수요를 창출할 수 없으니까요. 생각할수록 기묘한 일입니다.

과거 미국에서 있었던 일입니다. 어떤 회사가 감자 껍질 제거기를 만들었습니다. 편리한 제품이라 잘 팔렸죠. 그런데 집집이

보급되자 회사 매출이 급감했습니다. 견고하게 만든 제품이라 좀처럼 고장 나지 않았던 거죠. 그때 제조 회사가 아이디어를 냈습니다. 감자 껍질 제거기의 색을 갈색으로 바꿨습니다. 그러자 대체수요가 생겼습니다. 사람들이 무심코 감자 껍질 제거기를 감자 껍질과 함께 버리는 일이 많아졌기 때문입니다. 하지만 그런 아이디어를 낸 사람이나 제조 기술자는 기분이 별로 좋지 않았을 것 같습니다. 더 사용할 수 있는 자사 제품이 버려짐으로써 이익을 내는 비즈니스 모델에 미묘한 위화감을 느끼지 않았을까요?

하지만 이런 위화감을 아랑곳하지 않는 업종이 있습니다. '최대한 짧은 시간에 망가지는 제품'만을 목표로 삼아 상품을 생산하는 업종인데, 바로 군수산업입니다. 어떤 의미로는 자본주의가 이상으로 간주하는 산업이죠. 따라서 후기 자본주의가 군수산업에 매달려 연명하는 건 매우 자연스러운 현상입니다.

무기는 '다른 상품을 효율적으로 파괴하는 것'을 목표로 삼아 만드는 상품입니다. 무기 이상으로 시장에서 새로운 수요를 창출하는 효율적 상품은 없습니다. 상품을 과잉 생산하면 시장은 포화 상태에 이릅니다. 하지만 무기 시장에는 포화가 없습니다. 무기로 시장을 채우면 채울수록 파괴되는 무기의 절대량이 증가하기 때문입니다. 자동차 산업으로 빗대자면 도로에서 다른 자동차를 만나면 자동으로 파괴되는 자동차를 만드는 것과 같습니다. 시장은 영원히 자동차 부족 상태가 지속할 테니까요. 무기산업을 일본의 기간산업으로 정해서 경제성장을 도모하자는 사람들이 있는데 아마도 그들은 그것이 얼마나 도착적 일인지 이해하지 못하는 것 같습니다.

그런데 정상경제에서는 제작자와 사용자가 모두 상품을 언제까지나 (가능하다면 영원히) 사용할 수 있기를 바랍니다. 선조 누군가가 손에 넣은 자산을 수십 년, 수백 년간 대대로 사용한다면 그만큼 우리는 풍요로운 인프라를 누릴 수 있겠죠. 선대에게서 물려받은 집이 있고, 가구와 집기가 있으며, 옷이 있으니 '당장 끼니'만 해결하면 됩니다. 정상경제란 우리가 누릴 수 있는 자산 안에서 유동성에 비해 자산의 비율이 압도적으로 높은 시스템이라고 말할 수 있습니다.

반(反)글로벌리즘의 극점, 노자의 '소국과민(小國寡民)'

정상경제를 이루는 데는 더 중요한 조건이 있습니다. 바로 공동체의 규모입니다. 노자는 일찍이 '소국과민'을 이상으로 여겼습니다. 나라가 작고 백성이 적어야 나라 본연의 모습으로 이상적이라는 겁니다.

소국과민의 첫째 조건은 '십백지기(什伯之器)'가 있어도 쓸 일이 없도록' 하는 겁니다. '십백지기'는 예부터 난해한 말로 알려졌는데, 보통은 '편리한 도구'로 번역됩니다.[1] 그런데 저는 '무기'라고 번역하고 싶습니다. 그러면 소국과민의 첫째 조건은 '무기는 갖추더라도 쓰지 않는다'가 되겠죠. 즉 나라는 지키지만, 전쟁은 하지 않는다. 이렇게 하면 노자의 다른 말과도 맞아떨어집니다. 노자가 군사와 관련해 『도덕경』에 남긴 "무기란 불길한 도구이고, 본래 군자가 쓰는 물건이 아니다(兵者 不祥之器 非君子之器)."라는 말과 궤를 같이합니다. 노자는 또 "어쩔 수 없이 써야 한다면 담담함을 으뜸으로 여겨라. 승리를 미화하지 말라."라고 했습니다. 아울러 전쟁에서 이겼다고 기뻐하는 자는 '살인을 즐거워하는 것'이라며 혹독하게 비판했습니다. "살인을 즐기는 자는 결코 천하에 뜻을 펼치지 못한다." 다시 말해 전쟁에서 이겼다고 기뻐하는 자는 설령 한 시대를 제패했더라도 사람에게서 복종의 마음을 얻을 수 없다는 겁니다.

다음 구절도 말하는 바는 똑같습니다.

"사민중사이불원사(使民重死而不遠徙), 수유주여(雖有舟輿) 무소승지(無所乘之) 수유갑병(雖有甲兵) 무소진지(無所陳之)." 이 말의 골자는 앞의 내용과 연결됩니다. '배'나 '무기'가 있더라도 그것을

---

[1] 십백(什伯)을 군사 제도로 보고 십백지기(什伯之器)를 무기로 이해한 사람도 있고, '열 사람, 백 사람'이 사용하는 중요한 기물로 본 사람도 있고, 열 사람, 백 사람을 당할 수 있는 뛰어난 사람으로 해석한 사람도 있다.

사용하지 않을 것이고, 그것으로 이동하거나 전쟁터에 나가는 일도 없을 것이라는 의미입니다.

소국과민에 대해 노자는 우선 군사와 관련한 조건을 말했습니다. 군사는 갖춰야 하지만 먼저 사용해서는 안 된다. 그러려면 백성의 마음속에 '목숨을 소중히 여기는 태도'와 '국경을 넘어 피하지 않으려는 심성'을 함양해야 한다는 겁니다.

노자의 깨달음은 심오하다고 생각합니다. 노자는 전쟁이 비참한 이유를 자칫 백성이 '죽음을 학의 깃털처럼 가볍게' 여기는 비정상적인 고양감에 사로잡혀 '국경을 건너는' 위험한 이동을 하게 되는 데서 찾았던 겁니다.

그리고 세 번째 조건으로 "사민복결승이용지(使民復結繩而用之) 감기식(甘其食) 미기복(美其服) 안기거(安其居) 락기속(樂其俗)"이라고 했습니다.

'결승(結繩)'이란 고대의 커뮤니케이션 수단을 말하는데 백성이 그것을 다시 사용하게 하라는 의미입니다. 글이 없는 사회로 다시 돌아가는 것이죠. 정보 과잉을 억제하면 지금 먹는 음식이 가장 맛있고, 지금 입은 옷이 가장 예쁘고, 지금 사는 집이 제일 좋다고 생각하게 돼서 삶에서 깊은 즐거움을 찾아내게 된다는 겁니다. 그렇게 된다면 백성이 이웃 나라의 개 짖는 소리나 닭 우는 소리가 들릴 정도로 국경 가까운 곳에서 산다고 해도 늙어 죽을 때까지 나라를 떠나는 일이 없다는 겁니다.

이것이 노자의 가르침입니다. 아마 노자가 살았던 시대에서도 그의 말은 '극단적 의견'이었을 겁니다. 그러니까 현대인에게도 극단적 의견으로 느껴지는 건 당연하겠죠. 하지만 사상적으로 극점은 어떤 경우라도 드러나지 않는 쪽보다 드러나는 쪽이 좋다고 생각합니다. 현실에서 실현하기 어렵더라도 사상적 극점이 있다고 여겨지면 지금 우리가 서 있는 위치를 알 수 있기 때문입니다.

또 하나의 극점, 하이퍼 글로벌

적어도 우리는 소국과민의 반대 극점이 어떤 것인지 알고 있습니다. 지금까지 현대 세계는 그곳을 향해 직진해왔기 때문입니다. 나라를 가르는 국경선이 사라지고 화폐를 비롯한 도량형, 법률, 식생활, 의복, 언어, 종교 등 모든 것이 하나가 되는 '균질한 세계'로 인류는 나아가고 있습니다.

얼마 전까지만 해도 많은 지식인이 세계화는 불가피한 추세로 어떻게 하면 잘 적응할 수 있는지, 그것만이 문제라며 입에 거품을 물고 열변을 토했습니다. 세계화에 적응해야만 살아남을 수 있고, 적응하지 못한 자(자신이 사는 곳에 뿌리를 내리고, 자신의 언어와 종교, 생활문화를 고집하는 사람)는 사회 최하층으로 밀려나는 게 세계화 시대의 상식이었습니다.

다행스럽게도 그런 추세에 제동이 걸렸습니다. 세계화는 어느 시점에선가 멈춰 섰고, 반세계화라는 역회전이 일어났습니다. 반세계화가 발생한 원인은 여러 가지를 들 수 있습니다.

하나는 90년대 들어 '미국 주도의 세계화'가 또 다른 '세계화 공동체'인 이슬람 공동체와 충돌한 겁니다. 7세기부터 시작돼 모로코에서 인도네시아까지 퍼져 있는, 인구 16억의 이슬람 공동체는 종교는 물론 언어와 음식문화, 복장 규정을 공유하는 **사상 최대이자 현존하는 최대의 글로벌 공동체입니다.**

그러나 이슬람권은 19세기 제국주의 시대와 두 차례에 걸친 세계대전과 동서냉전 시대에도 국제정치의 주요 세력으로 등장한 적이 없습니다. 프랜시스 후쿠야마가 『역사의 종말』에서 예언했듯이 미래 세계가 서구형 자본주의와 민주주의가 '인류의 표준'이 될 것으로만 믿었던 서구의 세계화주의자들은 이슬람 공동체가 그 정도로 강경하게 '균질화'에 저항을 보이리라고는 예상하지 못했습니다.

역사의 종말론자들은 앞으로 약소국은 세계화의 도도한 흐름에 휩쓸려 산유국 혹은 저임금 제조업의 거점이나 이주노동자의 공급국가쯤 되는 3류 국가로 전락해 국제사회의 한 구석으로 밀려난다고 내다봤습니다. 따라서 당시 선진국의 관심은 (미국이나 소련은 물론 중국과 유럽, 일본 포함해서) 오로지 그들 나라

를 '어떻게 이용할 것인지(명백하게 밝히자면 어떻게 수탈할 것인지)'
에만 집중됐습니다. 그러나 중동전쟁, 이란혁명, 걸프전, 아프가
니스탄 내전, 9·11 테러, 이라크전쟁, 아랍의 봄, 시리아 내전 등
과거 반세기에 끝없이 이어진 테러와의 전쟁은 '역사의 종말'이
도래하지 않았음을 가르쳐줬습니다.

　정치학자들의 예측과 달리 역사는 여전히 계속되고 있습니
다. 아울러 과거 마르크스주의자들이 신봉했듯이 '역사를 관통
하는 철의 법칙성'이 더는 존재하지 않는다는 것을 배웠습니다.
역사는 불규칙하게 이어지고 있지만, 어떤 극점을 향해(다소 우
여곡절을 겪으면서) 가는 것은 아닙니다. 만약 역사가 약간이라도
도달점을 향해 이동한다고 해도 도달점이 어디에 있는지, 도달
했더라도 인류가 어떻게 될지를 지금 단계에서 예견할 수 있는
사람은 아무도 없습니다.

　하지만 인류가 '여기까지라면 인간적일 수 있는' 범위의 한
계를 보여주는 경계가 존재해야 합니다. '여기서 더 나아가면
더는 인간이 아닌' 출입금지 지역 표식입니다. 그것이 양쪽에 두
개가 세워져 있습니다. 그 표식 사이가 '인간이 인간답게 살 수
있는 구역'입니다.

　다시 말해, 극점 표식 안의 범주가 앞서 말한 늙어 죽을 때까
지 나라를 떠나는 일이 없는, 소국과민의 모델입니다. 그런데 노
자가 이상 국가의 모델이라고 밝히긴 했지만, 이제껏 실현된 적

은 없습니다. 그렇지만 한 번도 '현실이 된 적이 없는 과거'를 고의로라도 '실제 있었던 과거'로 생각해야 다가오는 미래를 구상할 수 있습니다. 아마 노자도 그랬을 겁니다. 이것은 또한 "입으로만 하지 말고 행동으로 실천하라."라는 공자의 가르침이기도 하죠.

공자가 군자의 통치 이상으로 내세운 '주공(周公)의 덕치'란 공자의 상상(거짓까지는 아니지만)입니다. 공자 시대는 이미 주공이 죽은 지 500년이 지난 무렵이기에 주공의 덕치는 항간에 입으로만 전해졌을 뿐 "그 시절이 좋았지" 하면서 기억하는 산증인은 물론 당시를 생생하게 기록한 문서 또한 남아 있지 않습니다. 그런데 공자는 '실현이 된 적이 없는 과거'를 이상향으로 삼으면서 강력한 지남력(指南力)을 담은 통치론을 만든 겁니다.

인간이라면 그럴 수 있습니다. 노자의 '소국과민'이든 공자의 '주공의 덕치'든 어느 쪽이든 '실현된 적이 없는 과거'입니다. 하지만 그런 개념을 만드는 일은 지성의 역할에 중요한 의미를 남깁니다. 인간이 끝내 이루지 못한 이상을 반추하거나 경모할 수는 있어요. 그렇지만 실현할 수는 없습니다. 인간 능력의 한계를 넘어서니까요. 그런 관념은 '인간은 어디까지 할 수 있을지'를 알 수 있는 매우 중요한 지표가 됩니다. 그것이 바로 극점 표식입니다. '소국과민'.

다른 한쪽의 극점에는 '결코 실현될 수 없는 미래'가 있습니다. 우리 상상을 초월한 미래입니다. 그것을 '하이퍼 글로벌 세계'라고 부릅니다.

두 극점 사이, 어디쯤이 살기 좋을까?

'하이퍼 글로벌 세계'란 어떤 걸까요. 상상력을 최대한 발휘해보자면, 모든 인류가 '단일한 정치체제 안에서 단일한 언어와 화폐를 비롯해 단일한 법칙과 단일한 도량형을 쓰고, 단일한 가치관으로 단일한 미의식과 생활문화를 갖는 것'을 말합니다. 무한히 '단일'로 수렴되는 세계죠. 거기에선 갈등이나 대립이 없습니다. 진보도 없고 퇴보도 없죠. 시간이 멈춘 겁니다.

'하이퍼 글로벌 세계'에서는 세상 어디를 가든 똑같은 것만 만나게 됩니다. 모두 똑같은 옷을 입고, 똑같은 언어를 쓰고, 똑같은 음식을 먹고, 똑같은 예의범절을 지킵니다. 똑같이 즐거워하고, 똑같이 아름답다고 느낍니다. 세계가 '닮은꼴'로 가득 채워지는 겁니다. 그런 세상이라면 '이웃 나라의 개 짖는 소리나 닭 우는 소리가 들릴 정도로 국경과 가까운 곳에서 산다고 해도 늙어 죽을 때까지 나라를 떠나는 일이 없을 것'입니다. 세상 끝까지 이어지는 거대한 호텔이 있다고 상상해보세요. 똑같은 방에서 똑같은 서비스가 제공되겠죠. 그런 곳에 사는 사람이 다른 방에 가보려고 할까요? 다시 말해 완전히 닮은 세계라면 사람들은 서로 왕래할 생각을 하지 않습니다.

이처럼 '소국과민 모델'과 '하이퍼 글로벌 모델'은 서로 닮았습니다. 어느 쪽이든 시간은 멈췄고, 변화 없는 '욕망의 소실점'이라는 측면에서 동일합니다. 겉모양은 다르지만 어떤 경지에 이르렀다는 본질은 같습니다. 그 두 개 소실점 사이가 인간이 인간다울 수 있는 장소입니다.

우리는 두 표식 사이 '어느 한 곳'에서 살아가야 합니다. 문제는 그 둘 사이 '어디쯤'이 살기 좋을지를 따져보는 데 있겠죠. 그래서 역사의 관성은 우리를 '하이퍼 글로벌 모델'로 향하게 하고 있습니다. 그런데 그런 흐름을 거부하는 격렬한 움직임이 나타났습니다.

이슬람 공동체의 저항운동인 '이슬라믹 글로벌리즘'과 유럽에서 벌어지는 극우 배외주의 발흥(勃興), 영국의 브렉시트, 미국 트럼프 정부 성립이 '안티 글로벌리즘' 움직임을 보여주는 대표 사례입니다. 일본 아베 정권은 겉으로 세계화 지향 정책을 펼치지만, 정권 지지자들을 심정적으로 추동하는 힘은 낡은 '배외주의와 자민족 중심주의'에서 나옵니다. 정부의 신자유주의 정책에서 아무런 혜택을 받지 못했기 때문이죠. 이처럼 어느 나라나 '두 극점 사이를 떠도는 상황'에서 선택지는 없어 보입니다.

세계화 억제 이론과 운동은 폭주하는 자본주의를 살아 있는 인간으로서 거부하려는 저항이라고 할 수 있습니다. 그러나 지금의 저항은 인간의 나약함과 소심함, 무능력에서 비롯한 감정적 경련 수준에 머물고 있습니다. 세계화는 자본주의가 자연히 거치게 되는 과정이지만, 세계화에 과잉 적응한 탓에 인간으로서의 생명력이 시들어버린 겁니다. 그런 증상이 현재 벌어지는 반세계화입니다.

제가 '정상경제'나 '상호부조 공동체'를 제안하는 이유가 바로 앞서 말한 맥락에 있습니다. 세계화가 지금보다 더 항진한다면 인간의 생명력은 시들어갈 수밖에 없습니다. 마찬가지로 반세계화 같은 병적 반응에만 머물러도 결과는 같습니다. 어느 쪽이든 좋은 결과는 없습니다. 그 사이 어디에도 인간답게 살 만한 장소가 없다는 겁니다. 세계화와 반세계화, 두 지향을 두고 서로 갈라서고 갈등하는 과정에서 잠정적인 안정을 유지할 발판을 우리 스스로 찾는 수밖에 없습니다. 그리고 그 발판이 거점이 되도록 해야 합니다. 일찍이 인류는 이런 역사적 국면을 경험한 적이 없어서 잘 헤쳐간 성공사례도 없습니다. 우리는 성공한 적이 없는 난국을 목전에 두고 있습니다. 우선 이런 현실을 통렬하게 받아들이는 데부터 시작해야 합니다.

제6장

—

'폐현치번'을 허하라!
로컬로 분절하기

미국의 주(州)와 에도시대의 번(藩)

히라카와 가쓰미 선생이 쓴『골목길에서 자본주의의 대안을 찾다(小商いのすすめ)』라는 책이 있습니다. 이 책에 등장하는 '고아키나이(小商い)'란 단골손님과 거래처를 소중히 하면서 자기 분수에서 벗어난 사업을 무리하게 벌이지 않는 작은 가게를 말합니다. 그들은 작은 범위에서 가게가 변함없이 돌아가게 하는 방식으로 경영합니다. 다시 말해 주식시장에 상장하거나, 가맹점 사업을 벌이거나 M&A를 통해 시장을 넓히려는 욕심이 없습니다. 그것이 '고아키나이'의 핵심입니다.

앞서 가시모의 경우에서 봤듯이 지역에서 일자리를 만들어 인구를 유지하고, 자연환경이나 전통기술 같은 지역의 '무형자산'을 지켜야 다음 세대에게 물려줄 수 있습니다. 그런데 가시모에서 그런 일이 가능했던 비결은 지역의 규모가 작다는 데 있습니다. 아마 인구가 많은 도시 권역에서라면 절대적으로 어려웠겠죠.

고아키나이 경제권이 만들어지려면 정치·경제·문화 면에서 서로 다른 다수의 '폐역(閉域)'으로 국민국가를 분절할 필요가 있다고 생각합니다. 그 방법으로 '폐현치번(廢縣置藩)'[1]이라는 아

---

1) 메이지 때 있었던 행정개편 폐번치현(廢藩置縣)을 빗대 저자가 만든 말이나.

이디어를 제안합니다. "또 극단적 아이디어로군!"이라는 말을 들을지 모르지만, 여러분도 상상력과 사고력을 발휘해 함께 생각해봤으면 좋겠습니다.

거의 언급되지 않지만, 막부제와 가장 가까운 형태의 국가는 미합중국입니다. 연방정부와 주정부의 관계는 막부와 번 관계에 가깝습니다. 미국은 50개 주로 구성된 공화국 연방입니다('state'는 '주(州)'가 아니라 누가 봐도 '구니(國)'입니다). 이것 또한 말하지 않는 사실인데, 미합중국과 소비에트사회주의공화국연방은 원리나 제도적으로 판박이였습니다(그래서 그토록 서로 미워했는지도 모릅니다).

여하튼, 미국은 세계사적으로 볼 때 국민국가로서 찬란한 성공을 거둔 사례라고 말할 수 있습니다. 일본이 진심으로 성공적인 통치 사례를 배우고자 했다면, 연방제의 가능성을 모색했어야 합니다.

물론 전후(戰後) 일본은 지방자치제도를 설계하면서 미국 제도 일부를 모방했습니다. 하지만 GHQ(연합국총사령부)의 점령이 끝나자 곧바로 전쟁 전 형태로 돌아갔습니다. 가장 먼저 되돌린 분야는 경찰 조직과 교육이었습니다.

되돌린 수법이 얼마나 뛰어났으면 미국 보안관을 모델로 지자체 경찰이 있었던 사례나 학교 교육을 관리하는 교육위원을 시민이 선출했던 경험이 기억에서 사라져버렸습니다.

미국 연방제는 배울 점이 많은 지방자치제도라고 생각합니다. 지자체의 권한을 대폭 늘리고 중앙정부는 국방과 외교 같은 국가를 지키는 중요한 임무에 집중하는 겁니다. 독일의 사회주의자 라살은 그것을 '야경국가'라는 개념으로 풀었지만, '작은 정부'를 이상으로 삼는 공화당의 연방정부 구상도 이와 비슷합니다.

일본도 미국처럼 주정부와 연방정부로 나누는 방법이 가능하다고 봅니다. 덧붙여 말하지만, 제가 말하는 연방제는 일부 정치인이나 재계 인사가 주장하는 '도주제(道州制)'와는 지향점이 완전히 다릅니다.

도주제는 행정의 효율화를 목표로 한 제도입니다. 오로지 행정에 드는 비용을 줄일 생각만 합니다. '주'를 나눌 때 기초로 삼는 자료는 지역 내 인구와 법인 수, 그리고 세수입니다. 문화적 환경은 고려하지 않습니다.

제가 생각하는 '폐현치번' 구상은 문화적 환경을 바탕으로 한 기초자치체입니다. 그런 의미로 볼 때 오히려 유럽의 코뮌에 가깝죠. 프랑스와 이탈리아, 스위스의 기초 자치체 코뮌은 각각 규모와 인구수가 다릅니다. 인구 80만 명의 코뮌(마르세유)도 있지만, 26명밖에 되지 않는 코뮌(코르비에르)도 있습니다. 모든 코뮌에는 의회가 있고, 시장이 있습니다. 의회 의원은 주민이 직접 선거로 뽑고, 시장은 의원들이 선출해서 의회 의장과 행정기관

수장을 겸합니다.

코뮌은 규모가 제각각이어도 행정기관으로 기능합니다. 그것이 가능한 이유는 가톨릭 교구를 바탕으로 한 행정단위라는 점에 있습니다. 거리 한복판에 있는 성당을 중심으로 교인들이 뭉쳐 있었던 종교 공동체의 흔적이 그대로 행정단위로 이어진 거죠. 그런 측면에서 코뮌 제도는 합리적입니다.

같은 생활문화권 지역을 바탕으로 성립한 행정단위여서 그곳에 사는 사람들은 '여기까지'가 자기 땅이며, '이 사람들'이 자신과 정치적 운명을 공유한다는 사실을 실감하며 살아왔죠. 코뮌은 그런 기초자치체였습니다. 도주제처럼 수치 자료를 중심으로 구획을 나누면서 마을을 통폐합한 자치체는 결국 끝까지 기능하지 못합니다. 그곳에는 코뮌처럼 신체 실감으로 생겨난 '동향(同鄕)' 감각이 없기 때문입니다.

탁상공론으로 만들어진 도도부현[2]의 경계선

저의 조상 우치다 가문 선조들의 위패를 모신 곳은 야마가타현 쓰루오카입니다. 야마가타현에는 차로 약 두 시간 거리에 공

---

2) 일본의 광역자치체 행정 단위로 도도부현(都道府縣)은 도쿄都, 홋카이道, 오사카府, 교토府를 비롯해 43개 현(縣)을 합쳐 총 47개로 구성됐다.

항이 두 곳이나 있습니다. 야마가타공항과 쇼나이공항입니다. 하도 이상해서 언젠가 쓰루오카 현지인에게 물었습니다. "이렇게 가까운데, 공항이 왜 두 개씩이나 있죠?" 그랬더니 "아니, 번(藩)이 다르잖아!"라며 다른 번에 있는 공항은 이용하지 않는 게 당연하다는 얼굴로 대답하더군요. 그때 알았습니다. 일본의 기초자치체는 제도적으로 변해왔지만, 일본인의 기초자치체 감각은 에도시대에 머물러 있음을 말입니다.

현재의 도도부현 제도는 메이지 정부의 폐번치현으로 생겨났습니다. 막부 말기 이른바 '번'은 국내 276곳이 있었습니다. 번의 영토를 정부에 귀속시켜 1871년(메이지 4년)에는 1사(개척사) 3부(도쿄부, 교토부, 오사카부) 302현으로 재편했죠. 번주(다이묘)의 자리는 그대로 지사가 됐습니다. 그러나 행정조직으로 너무나 비합리적 구조였기에 개편한 지 2개월 만에 다시 1사 3부 72현으로 축소됐습니다.

그것도 많다고 해서 7년 후 1878년에는 37부현으로 됐다가, 최종적으로는 1889년(메이지 22년)에 1청(홋카이도청) 3부(도쿄부, 교토부, 오사카부) 43현으로 도도부현 제도의 기초가 됐습니다.

이처럼 부현의 통폐합 안은 불과 7년 만에 지방자치 단위를 306개 지역에서 37개 지역으로 변경할 정도로 갈팡질팡했음을 알 수 있습니다. 이를 통해 확실히 알 수 있는 사실은 **메이지 정부가 지방행정 제도를 설립할 때 명확한 방침이 없었다**는 점입니다.

도도부현의 경계선은 관료가 지도만을 보고 나눈 탁상공론에 지나지 않았던 겁니다. 중동에서 이뤄진 사이코스-피코 협정과 똑같죠. 현장을 모르는 중앙정부 관료가 제멋대로 선을 그은 것이라고 봅니다. 그게 아니라면, 이처럼 어처구니없는 결과가 나오지 않았겠죠. 아마도 메이지 정부 관리들은 조정의 명령에 따라 부현의 경계선을 정하면 주민이 언젠가 소속 부현에 귀속의식을 갖게 될 테고, 또한 그곳 고유의 심성과 문화가 형성되리라고 생각했던 것 같습니다. 이처럼 근거 없는 낙천적 전망도 사이코스-피코 협정과 닮았죠. 그런데 역시 중동과 마찬가지로 뜻대로 되지 않았습니다.

1965년 즈음 『아사히신문』이 「신풍토기」라는 칼럼을 연재한 적이 있습니다. 기억하실지 모르겠지만, 저는 당시 대학에 다니던 터라 알고 있습니다. 내용으로 각 부현의 특성이나 지역성 또는 지역문화 같은 걸 다뤘습니다. 그때 칼럼을 읽고는 도도부현마다 지역성에 뚜렷한 차이가 있고, 고유의 지역문화가 있음을 왜 이리 시끄럽게 주장하는지 이해할 수 없었습니다.

제가 도쿄에서 태어났기에 그럴 수도 있었겠죠. 그런데 제가 도쿄 태생이긴 해도 토박이는 아닙니다. 아버지는 야마가타현 쓰루오카 사람이고, 어머니 고향은 고베입니다. 두 분 모두 전후에 도쿄로 이주하셨습니다. 도쿄 남동쪽 다마강 주변에 모여 살던 이웃도 아키타(秋田) 혹은 니가타(新潟) 등 대부분 지방에서 돈벌러 온 노동자였습니다. 그런데 부모세대는 저마다 지역 사투리를 고치려 했던 터라 지역 고유문화 따위가 성장할 틈이 없었어요. 모두 부평초 같은 삶을 살았죠. 그런 환경에서 자랐기에 지역성을 강조하는 칼럼에 강한 위화감이 들었습니다.

그 무렵 도쿄에는 '현인회'라는 모임이 있었습니다. 대학에도 현인회가 지은 기숙사가 있었고, 현인회 장학금을 받는 학생도 있었죠. 대학에 들어오기까지는 출신지가 같은 사람끼리 상부상조하는 체제가 있다는 사실도 몰랐습니다. 조금 부럽기까지 했어요. 그런데 그런 미풍도 오래전에 사라져버린 듯합니다. '신풍토기'나 '현인회'의 노력에도 도도부현 귀속의식이 뿌리내리지 못했기 때문입니다. 폐번치현이 이뤄지고 150년이 지났어도 '현민' 정체성은 현현하지 못한 겁니다. 제 생각은 그렇습니다.

최근에 일어난 두 가지 사건이 그 점을 명백히 드러냅니다. 하나는 2014년에 일어난 효고현 '통곡의원' 사건[3]입니다. 그는 1년에 195차례에 걸쳐 도요오카(豊岡), 사요우(佐用), 후쿠오카, 도쿄 등으로 출장을 다니며 하루 교통비로만 영수증도 없이 약 300만 엔의 정무활동비를 지출했습니다. 사람들은 그의 비정상적인 출장 횟수에 놀랐지만, 저는 오히려 현의회에는 휴가가 1년에 195일이나 된다는 사실이 놀라웠습니다. 그 정도로 현의회는

---

3) 대성통곡하며 기자회견을 했던 노노무라 류타로(野々村竜太郎) 효고(兵庫)현 의원을 이르는 말.

한가한 곳인가, 하고 말이죠.

의회가 열리지 않는 날에도 의원이라면 조례나 기안 준비 등으로 바쁘게 일해야 하지만, 신문기자에게 들은 바로는 과거 20년간 효고현 의회에서 의원이 발의한 조례는 두 건밖에 없다고 합니다. 현의회 의원 활동에 현민이 무관심한 이유는 현의회가 현민을 위한 안건을 마련하는 것도 아닐뿐더러 의원들이 현민을 대표하는 사람이라고 생각하지도 않는, 뿌리 깊은 인식에서 찾아야 할 듯합니다.

또 다른 사건은 2015년에 실시한, 오사카시와 오사카부를 통합하는 오사카도 구상(大阪都構想) 주민투표 건입니다. 부결됐지만, 그 선거는 오사카시의 권한을 제한하고 오사카부의 권한을 강화하는 정책에 대한 찬반을 물었던 겁니다. 다시 말해 유권자에게 "당신은 오사카 시민인가? 아니면 오사카부민인가?"라는 질문으로 판가름이 날 터였는데, 절반을 넘는 유권자가 '부민에 앞서 우선은 시민'이라고 판단했습니다.

저 같은 사람이 많지는 않겠지만, 앞의 두 사례로 '도도부현제도는 주민의 삶에 뿌리내리지 못했다'는 인상을 받았습니다. 150년이 흘렀지만, '도도부현' 사람이라는 정체성을 형성하지 못한 겁니다.

저는 지금 고베에서 살고 있습니다. 누군가 제게 "어디에 살아요?"라고 물으면, '고베'라고 대답합니다. '효고현'이라고 답하는 경우는 거의 없습니다. "고베는 어떤 곳인가요?"라고 물으면 "빵이 맛있어요."라든가 "항구 도시에요."라고 대답할 수 있지만, "효고현은 어떤 곳인가요?"라는 질문에는 대답이 궁색해집니다. 그렇다고 "인구가 560만 명이에요." 또는 "남쪽으로는 세토내해, 북쪽으로는 동해(일본해)에 면해 있습니다."라는 교과서에나 나올 법한 말로 대답을 대신할 순 없겠죠. 하물며 "효고현 현민으로서 정체성은 무엇이라고 생각하시나요?"라는 식의 질문은 말할 것도 없죠. "그게 뭔가요?"라고 되묻고 싶을 정도의 질문입니다.

폐번치현 이후 행정 단위는 급격한 증감을 거듭한 끝에 47개 도도부현으로 자리 잡았습니다만, 결국 보신(戊辰)전쟁[4] 이전의 '구니'를 대신할 수 없었습니다. 실제로 사람들은 지금도 자신의 출신지역을 말할 때 종종 번 이름을 댑니다. 자신의 출신지를 말할 때 '효고현'이라고 말하는 사람을 이제껏 본 적이 없습니다. 대부분 거리 이름을 말하거나 '셋쓰(攝津)'라든가 '반슈(播州)' 혹은 '다지마(但馬)'라고 옛날 번 이름으로 답합니다. 이미 제도적으로는 사라져버린 경계를 기준으로 지역 정체성을 유지하고 있는 거죠.

도쿄에서 태어나고 자란 제가 간사이로 와서 놀랐던 것 중 하

---

4) 1868년 무신년에 일어난 막부파와 왕정복고파인 신정부군 사이에 일어난 전쟁. 신정부군의 승리로 메이지시대를 열게 된다.

나는 사람들이 사투리를 이상할 정도로 세밀하게 구분해낸다는 점이었습니다. 고베, 가코가와, 히메지 말투는 제각각 차이가 크다며 강조할 정도입니다(저는 전혀 구별하지 못합니다). 혹은 '이카나고노쿠기 조림'[5]이라는 향토음식을 놓고 히메지와 가코가와의 양념 맛이 서로 다르다고 주장합니다. 그 지역을 자세히 조사해보면 과거 다카쓰키(高槻), 산다(三田), 아카시(明石), 히메지, 아코 등의 서로 다른 번으로 뚜렷하게 나뉘어 있었거나, 영주 대리인의 '사카이(경계)'가 있었다는 사실을 알 수 있습니다.

다시 말해 메이지유신 이후 150년이 흘렀어도 근대적 지방자치체는 주민에게 귀속의식을 갖게끔 하는 데 실패했다는 겁니다. 대다수 사람은 지금도 자기 고향은 어디인지, 자기 정체성은 어디에 뿌리를 두고 있는지 같은 우주론적 문제를 번 단위에서 파악합니다. 더구나 그런 번 단위 구분이 자동으로 일어나는 이유조차 모릅니다.

정체성이란 법령 하나로 어찌해볼 수 있는 게 아닙니다. 지워버렸다고 여기는 순간, 다시 제자리로 돌아옵니다. 억압은 증상으로 돌아온다고 프로이트가 말했지만, 억압에 대한 반응은 개인사뿐 아니라 사회사에서도 똑같이 일어납니다. 억압받은 것, 부정당한 것, 소거해버렸다고 생각하는 것은 형태를 바꾸면서

---

5) いかなごの釘煮, 까나리 조림의 모양이 마치 못처럼 생긴 데서 유래한 이름이라고 한다.

끝없이 되살아나기 마련입니다.

왜 사람들은 도도부현보다 번에 강한 소속감을 느끼며, 옛 번의 '경계선'을 머릿속에서 지울 수 없는 걸까요? 번의 구분은 상명하달식으로 이뤄지지 않았으며, 정책에 따라 선을 그은 게 아니기 때문입니다. 번은 고대부터 오랜 시간에 걸쳐 형성돼온 '구니'를 바탕으로 형성된 겁니다.

'번'이라는 명칭도 폐번치현 당시부터 사용됐습니다. 에도시대에도 일부 학자들 사이에서만 통용되는 '학술용어'였습니다. 일반인은 '구니'라고 불렀죠. 마찬가지로 '어디어디 번사 아무개'라고 이름을 대지도 않았습니다. '어디어디를 지키는, 가신 아무개'라고 했죠. 영주가 통치하는 지역이 주민에게는 '구니'입니다. '고향 사투리'나 '향토자랑' 또는 '국경선' 모두 '구니'에서 유래하는 말입니다. 번마다 고유의 언어와 식문화가 있고, 고유의 예능이나 제사 풍습이 있었습니다. 그런 정체성을 폐번치현으로는 지울 수 없었던 겁니다.

'번'으로 지자체 재편하기

작금의 글로벌화로 국민국가의 구심력은 세계적으로 쇠퇴하고 있지만, 로컬에서의 지역 통합력은 그렇지 않습니다. 경우에 따라서는 오히려 강화되고 있는 것처럼 보이기도 합니다. 아마도 "어디에 소속돼야 할까?"라는 절실한 질문에 메이지 이전의 '구니'에서 자신의 뿌리'를 찾으려고 하기 때문이 아닐까 싶습니다.

제가 말하는 '폐현치번론'은 과거의 번을 되살려 기초자치체로 만드는 구상입니다. 번의 규모는 제각각입니다. 가가(加賀)나 다테(伊達)처럼 백만 석 규모의 번이 있는가 하면, 진야(陣屋)[6]가 들어설 땅밖에 없는 일만 석 규모의 작은 번도 있습니다. 땅의 크기나 인구수의 표준을 설정할 수가 없었죠. 각각의 역사적·지리적 필연성에 따라 형성된 규모를 기초 통치단위로 삼았던 겁니다.

앞서 언급했듯이 프랑스의 코뮌은 규모가 제각각으로 면적이나 인구가 서로 다릅니다. 하지만 그런 이유를 들어 '통치 효율이 떨어지니 표준 규모로 통폐합하자'고는 하지 않습니다. 그 지역 사람이 오랜 시간을 걸쳐 형성한 '귀속 공동체'의 규모가 딱 그 정도였기에 그 크기에는 필연성이 있습니다. 따라서 통폐합은 하지 않습니다. 상식적 판단이라고 생각합니다.

프랑스의 코뮌과 일본의 번은 발생해서 지속해온 역사과정이 서로 다르지만, 인간이라면 어떤 형태로든 '귀속의식을 가질

---

6) 에도시대 번주의 번청이 설치된 저택, 또는 도쿠가와 막부 직할령으로 주거 및 관청이 설치된 건물을 의미한다.

수 있는 기초자치체'가 필요하다는 측면에서 동서에 차이가 없습니다.

일본에서도 기초자치체는 대부분 영적인 장소를 중심으로 이뤄졌다고 생각합니다. 영적 중심이 정해지면, 그 주변에 묘지나 기도 공간이 마련되기 시작합니다. 그러고는 함께 추모하는 집단이 형성돼 제사 같은 의례를 지키게 됩니다. 그런 집단이 생산단위가 되고 정치 단위가 돼 결국 광역의 권력기구 중심으로 성장합니다. 행정단위로 변화하는 것이죠. 그런 과정으로 존재해왔다고 생각합니다.

관제 행정단위의 실패는 도도부현 제도 탓이 아닙니다. 일본에서 최초로 설립된 행정조직은 '고키시치도(五畿七道)'입니다. 여기서 도카이도(東海道), 도산도(東山道), 호쿠리쿠도(北陸道), 산요도(山陽道), 산인도(山陰道), 난카이도(南海道), 사이카이도(西海道), 이렇게 일곱 개의 도(道)를 '시치도'라고 합니다. '도(道)'는 행정 구분으로 고대 왕조가 만든 군사용 도로를 기반으로 만들었죠. 즉 이족 토벌 시 병사와 군용품을 보내는 물류 기능을 담당했던 행정단위입니다. 그 당시에는 간선도로에서 벗어나면 사람이 거의 살지 않는 황무지가 많았기에 물류를 중심으로 도로와 역참을 배치하는 것이 행정구역을 수평적으로 나누고 지역을 관리하는 것보다 관리 비용 측면에서 효율적이었습니다. 어느 시절이나 지혜로운 자는 있게 마련입니다.

하지만 도카이도를 제외한 나머지 도는 100년을 넘기지 못하고 사라졌습니다. 관제도로가 역사의 풍상을 견디지 못한 거죠. 도에서 사는 사람들의 생활과 맞닿아 있지 않았으니까요.

'걷고 싶게 하는' 길은 따로 있습니다. 강변이나 숲길, 산등성이가 될 수도 있죠. 사람들은 최단 거리가 아니라도 걷기 편한 길, '걸을 만한 길'을 선택합니다.

정부가 아무리 시치도를 정비해도 사람들은 그 길로 가지 않고 자기가 택한 길로 다닙니다. 그곳에 마을이 들어섭니다. 경작지도 사람들이 다니는 길을 따라 펼쳐집니다. 시치도는 주민의 삶과 관계없이 직선으로 뻗은 고속도로와 같습니다. 그곳을 지나는 트럭은 편리하겠지만, 고속도로 주변에 사는 사람은 트럭에 탈 일이 없죠. 같은 이유로 물류가 사라진 시치도는 잡초로 뒤덮여 어디가 길이었는지조차 알아볼 수 없게 됐습니다.

비슷한 일이 중세에도 있었습니다. '가마쿠라가도(鎌倉街道)'가 바로 그것인데 가마쿠라 막부가 군용으로 만든 도로를 말합니다. 가마쿠라에서 간토(関東) 일대로 사방팔방 이어졌습니다. 가마쿠라 막부에 중대한 일이 벌어지면 그 가도를 달려 단숨에 가마쿠라까지 갈 수 있었습니다.

그러나 가마쿠라 막부가 사라지면 군용도로는 존재 이유를 잃게 되겠죠. 가마쿠라가도 대부분은 잡초로 뒤덮여 사라졌습니다. 지금도 종종 '가마쿠라가도의 궤적 발견'이라는 기사가 나옵니다. 무사시노(武蔵野) 이곳저곳에서 가마쿠라가도의 흔적이 남아 있어 지금은 하이킹 코스로 사용되기도 하지만, 가마쿠라가도는 막부가 사라진 뒤 현지 주민이 사용하지 않아 잡목림으로 변했습니다.

정부가 '탁상공론'식으로 만든 게 아무리 합리적일지라도 그곳에서 살아가는 사람들이 실감하지 못한다면 결국 사라지고 맙니다. 고대에도 그랬고, 중세는 물론 메이지유신 때도 마찬가지입니다. 정책적으로 행정단위를 만들어서 잘된 경우가 없다는 사실을 역사가 증명합니다. 따라서 자연적으로 형성된 기초자치체로 다시 돌아가는 게 좋습니다. 주민 스스로 이곳이 내 '고향'이고, 이곳에 내가 '속해 있다'고 실감할 수 있다면 아무리 면적이 좁고, 인구가 적고, 회사가 적어 세수가 적더라도 기초자치체로 인정해야 합니다.

주민이 '그곳'을 고집하는 데는 그 나름대로 이유가 있습니다. 하지만 그 이유를 물어봤자 합리적인 설명은 불가능합니다. 그저 '기분'일 뿐이니까요. 관제도로 대신 자신이 '걷고 싶은' 길을 선택한 옛사람처럼 말입니다.

주민의 '기분'을 소중히 여기는 행정구역의 필요성

프랑스의 코뮌과 일본의 번처럼 면적이나 인구가 저마다 다른 기초자치체가 있으면 어떨까요? 자신이 원하는 곳이라면 인구가 100명이라도 좋고, 100만 명이라도 상관없습니다. 살다 보면 이웃은 동포가 됩니다. 좋은 일이 생기면 서로 나누고, 누군가가 곤란한 상황에 놓이면 가서 돕는 게 자연스러워지죠. 그렇게 사람들이 느끼는 운명공동체 '기분'을 행정의 기초로 삼는 개념이 제가 말하는 폐현치번론입니다.

그렇다면 어떻게 설계해야 기초자치체에 과거 '구니'가 가졌던 귀속의식을 담아낼 수 있을까요? 이것이 급격한 인구감소가 일어나는 지금과 같은 국면에서 매우 중요한 제도적 과제라고 생각합니다.

인구감소 국면에는 주민의 자발적 상호부조 네트워크를 형성하는 일이 사활을 걸 만큼 중요합니다. 그런 일이 실현되려면 심정적으로 '우리는 운명공동체'라는 환상이 뒷받침돼야 합니다. 그런데 공동체 환상은 정치적 프로파간다처럼 외부에서 주입할 수 있는 가벼운 성질의 것이 아닙니다. 생활문화 또는 언어나 제사와 의례 그리고 식문화처럼 몸속 깊이 체화한 동질감에서 비롯돼야 합니다. 발현하지 않는 환상 속의 정체성은 공동체를 해체할 뿐입니다('비국민'과 '매국노'를 추방할 때 공동체 환상에 어떤 신체적 실감은 필요치 않습니다). 즉 공허한 말로는 공동체를 통합할 수 없습니다.

향토나 동포 감각은 어디까지나 함께 느끼는 주관적 환상일 뿐입니다. 따라서 '허구'라고 비웃기는 쉽습니다. 하지만 그런 환상이 있기에 사회제도가 대부분 존립할 수 있습니다.

제7장

—

지방에서 살아가기
탈도시로 인간적 성숙을 지향한다

삶의 리스크가 높은 도시 직장인

해가 갈수록 지방으로 이주해 새로운 생활 거점을 구축해보려는 청년들의 증가세가 뚜렷해지고 있습니다. 총무성 통계로는 파악할 수 없겠지만, 제 주변만 봐도 2년간 6명에 달합니다. 최근 마이니치신문사와 메이지대학이 공동으로 연구한 바에 따르면 지방자치체의 이주지원정책을 이용해 지방으로 이주한 인구는 약 1만 명이라고 합니다. 지난 3년간 4배가 늘어난 수치입니다. 게다가 47개 도도부현 전체를 대상으로 조사한 결과도 아니고, 지자체의 지원을 받지 않고 이주한 사람은 통계에 포함돼 있지 않습니다. 따라서 지방 이주자는 아마도 통계 수치보다 많은 2만~3만 명에 이르지 않을까 싶습니다. 여하튼 이주자의 수치는 점차 증가하고 있습니다.

얼마 전 근처 사립대학 3학년 학생이 가이후칸에 찾아와 귀농에 관해 대화한 적이 있습니다. 농사에 도전한다는 특별한 각오를 보였던 건 아니고 오히려 '앞으로 농사나 지어볼까 합니다'라는 정도로 편하게 생각한다는 인상을 받았습니다. "그래, 부모님은 뭐라고 하시는데?"라고 물으니 웃으면서 "먹고살 수 있겠어?"라는 한 마디뿐이었다고 대답하더군요.

그렇다고 제가 시류의 변화를 절감한 것은 아닙니다. 그 학생이 '슬슬 구직활동을 해볼까?'라고 마음먹고 나서 선뜻 농사를 떠올렸다는 사실을 알고 있었기 때문입니다. 그런데 그런 일이 과거에는 있을 수 없었습니다. 도시에서 자란 청년이 대학 졸업 후 농사를 지으려면 상당한 결의와 심사숙고가 필요했으니까요. 하지만 요즘 청년은 어깨에 힘이 잔뜩 들어가 있지도 않고, 그런 결의도 느낄 수도 없습니다. 마치 보험회사를 선택할지 은행에 입사할지 고려한 뒤에 '그래, 은행에 입사하자!'라고 정하듯이 일상 어투로 '도시에서 일하는 게 좋을까? 농사가 좋을까?'를 고려하다가 결국 농사를 선택하는 식이죠. 세상은 어느새 그렇게 변했습니다. 지방에 내려가 농업에 도전한다는 선택지는 청년들에게 하나의 유망한 대안 정도로 여겨지고 있다는 거죠.

또 하나 과거와 다른 점은 부모의 반대가 없다는 겁니다. 예전에는 자식이 취업 활동을 포기하고 농사를 짓겠다고 하면 부모는 '눈에 뭐가 씌었냐? 정신 차려!'라면서 격노하거나 만류했을 텐데, 요즘은 그런 일이 좀처럼 없습니다. 자식이 농사를 선택하더라도 '농사? 그것도 괜찮지!'라고 수긍할 만큼 젊은 세대의 고용 환경은 변했습니다.

정확하게 말하자면 도시의 회사에 취업하기는 하늘의 별 따기가 됐을 정도로 고용시장이 무너졌습니다. 급여 수준은 줄곧 제자리고 취업에 성공해도 비정규직이 태반인 데다 인건비 상승을 억제하려는 기업의 운영방식 때문에 언제 해고될지 모르죠. 야근은 물론이고 휴일 출근도 당연한 일이 됐습니다. 그렇다고 그렇게 몸과 마음을 바쳐 업무에 전념한다고 해서 앞날이 보장되지도 않습니다. 일본경제의 앞날은 여전히 오리무중이고 상장회사도 언제든 사라질 수 있는 상황에서 정년까지 일한다는 건 누구도 장담할 수 없습니다.

더구나 혼자 살면서 임금노동을 하는 청년 일인 가구라면 더욱 리스크에 노출될 수밖에 없습니다. 혈연이나 지연으로 이뤄진 공동체가 없는 도시에서는 쌓아놓은 돈이 없다면 아프거나 실직했을 때, 한순간에 노숙자로 전락할 위험이 도사리고 있기 때문입니다. 제 기억으로 전후 70년간 이 정도로 사회안전망이 흔들린 적은 없었습니다. 사회안전망을 헌법이 법적으로 규정하고 있습니다. 헌법 25조에서 "모든 국민은 건강하고, 문화적으로 최소한의 생활을 영위할 권리가 있다."라고 규정하듯이 생존권에 바탕을 둔 사회복지와 사회보장제도를 마련해야 합니다.

그런데도 현재 인터넷 언론은 유례가 없을 정도로 '생활보호 수급자 때리기'에 발 벗고 나섰습니다. 빈부격차로 '생존권'에 기댈 수밖에 없는 생활보호 대상자가 늘어나는 상황인데도 마땅히 누려야 할 생존권을 부정하는 목소리가 높아지고 있습니다. "가난은 자기 책임이다!" 길거리에 나앉게 된 책임은 본인에게 있으니 세금을 쏟아부어 구제할 이유가 없다는 겁니다. '재능이 없으면 노력이라도 하라'면서 말이죠. 다시 말해 자신이 번

듯한 집에서 호의호식하는 건 자기가 노력한 덕분이므로 자기가 거둔 결실을 나눠주고 싶지 않다는 의미이기도 합니다. 이런 식으로 미국 자유론자의 논리를 어설프게 흉내 내면서 분노하는 자들이 일본 사회에 등장하고 있습니다. 여당 정치인과 정권에 기생하는 논객들이 사회보장제도 덕택에 '무임승차'하는 사람들을 처벌하고 그들의 특권을 뺏으라고 하면, 인터넷 여론이 갈채를 보내는 시대가 된 겁니다.

반복해서 언급했듯이 그런 사고방식은 지극히 자멸적입니다. 사회보장제도의 존재 이유를 부정하는 겁니다. 예컨대 공립학교는 세금으로 돈이 없는 사람에게도 학업 기회를 주는데, '수익자부담' 원칙을 따른다면 존재할 수 없겠죠. 사립학교만 남게 됩니다. 의료보험도 마찬가지입니다. 보험료를 내지 않는 사람은 의료 서비스를 받을 권리가 없다는 주장인데, 그런 생각을 태연하게 입 밖으로 내뱉는 사람이 발에 치일 정도로 많아졌습니다.

이 같은 사회적 분단이 어떤 결과를 초래할지 상상하기 싫지만, 살기가 몹시 힘든 세상이 온 것은 확실합니다. 미국 트럼프 정권이 들어서면서 의료자원의 배분을 시장원리에 맡기는 정책을 채택할 확률이 높아졌습니다.[1] 다시 말해 현재 생활보호가

---

1) 오바마 전 대통령이 주도했던 이른바 오바마케어는 미국 의료보험 시스템 개혁 법안(환자보호 및 부담적정보험법 ACC)으로 전 국민의 건강보험 가입을 의무화하는 내용

필요한 환자 상당수가 의료 서비스를 받지 못한 채 거리로 내쫓긴다는 의미입니다. 민간 독지가나 교회 자선 활동에 의지할 수 있는 규모를 넘어설 겁니다. 이처럼 의료뿐 아니라 치안이나 공중위생, 사회 윤리 전반에서 일어나는 퇴행이 어떤 영향을 미칠지 트럼프 지지자들은 전혀 고려하지 않습니다.

공교육이나 사회보장제도의 성공 여부는 제도 설계의 교졸(巧拙)보다는 사회 구성원의 **시민적 성숙도**에 달려 있습니다.

'다른 사람이 어떻게 되더라도 상관없다'고 생각하는 사람만으로 구성된 사회 집단이라면 자기 이익만을 추구할 겁니다. 서로 사회자원을 뺏겠다며 다람쥐 쳇바퀴 굴리기 같은 경쟁을 벌이겠죠. 그런 사회에서는 사회보장제도를 아무리 교묘하게 설계하더라도 실패할 수밖에 없습니다. 반면에 같은 집단에서 자기 능력껏 '함께 행복한 삶을 살 수 있게 남을 돕는다'고 생각하는 사람이 일정 수 이상 존재한다면, 아무리 조잡한 제도라도 제대로 기능합니다. 즉 **제도의 문제가 아니라 인간의 문제**라는 겁니다.

'내가 낸 몫을 다른 사람이 쓸 권리는 없다'는 논리를 사회보장제도에 적용하는 게 마땅하다고 여기는 사람이 많습니다. 그러나 그들은 세상 이치를 깨닫지 못하고 있습니다. 사회란 구성

으로 2014년부터 시행중이다. 트럼프는 임기 중 의료보험 미가입자에 대한 벌금 조항을 삭제하고 '아메리카 퍼스트 헬스케어' 행정명령에 서명하는 등 오바마케어를 대폭 축소하며 비판적 입장을 보였었다. 2021년 6월 미국 연방 대법원은 '오바마케어'를 폐지해야 한다는 공화당 측 주장을 기각하고 현행대로 유지하라는 판결을 내린 바 있다.

원들이 자신의 재산과 권리 일부를 공탁함으로써 기능한다는 기초적인 진리조차 모른다는 거죠.

그들이 무지하다고 비난할 일은 아닙니다. 아무리 말해봤자 그들은 자신이 왜 비난받아야 하는지 모를 겁니다. 그럴 시간에 사회가 기능하게 하는 기초적 진실을 이해하는 어른이 많아지도록 힘을 기울이는 편이 낫다고 생각합니다.

그런 면에서 가시모 사람들은 어른입니다. 인구 3,000명 마을에 음식점 27곳이 공존합니다. 도시 사업가에게 '인구 3,000명 마을에서 외식산업을 하려면 어떻게 해야 할까?'라고 물으면, 곧바로 단호한 대답이 돌아올 겁니다. 우선 투자를 통해 가게를 새롭게 꾸민 뒤에 서비스 질을 높이되 가격은 내려서 경쟁업체를 차례차례 없애겠다고 하겠죠. 음식점이 한 곳만이 남게 되면 거기 말고는 선택지가 없어 그때부터는 자기 마음대로 가격을 조정할 수 있다고 생각하는 것, 그것이 보편적인 사업가에게는 '승리'입니다.

하지만 '어른'인 가시모 사람들은 그렇게 하지 않았습니다. 강한 사람 한 명만 남고 약자들이 모두 사라지는 게 자연 과정이라고 생각하지 않았던 겁니다. 마을 사람들 마음속에는 '살아가려면 서로 연대하고 도울 수밖에 없다'는 기본적 규칙이 확고히 자리 잡고 있었습니다. 만약 누군가가 가시모에 "28번째 가게를 내고 싶다"고 하더라도 "이미 포화 상태이니 그만둬"라고 말하지 않을 겁니다. '정 하고 싶다면 해야지. 마을 사람의 외식 기회를 한 번 더 늘리는 셈 치면 어떻게든 되겠지.' 분명히 이렇게 생각하지 않을까 싶습니다.

경영 규모가 작다고 모두 '고아키나이'는 아닙니다. 우상향 곡선을 그리는 성장과 확대를 목적으로 하지 않는 기업 활동이라면 규모와 상관없이 '고아키나이'로 불러도 좋다고 생각합니다. 경제활동으로 될수록 많은 사람에게 고용 기회가 주어지고, 되도록 많은 사람이 즐겁게 살아갈 수 있게 부의 분배가 이뤄지는 시스템이 있다면 그것이 바로 '고아키나이'입니다.

효율화와 혁신으로도 이끌 수 없는 성장

일본은 지금 급격한 인구감소 국면에 놓여 있습니다. 경제성장도 멈췄습니다. 그런데도 경제학자들은 '여전히 경제성장은 가능하다'고 주장합니다. 마음속으로는 이제 경제성장은 끝이라고 생각하지만, 그것을 입 밖으로 내지는 않습니다. 과거 대일본제국의 전쟁지도부의 모습과 똑같습니다. '이래서는 이기지 못한다.' 하지만 그것은 속마음일 뿐, 그 말을 내뱉지는 못했습니다. 입 밖으로 내는 순간 '패배주의가 패배를 부른다'는 논리로 뭇매를 맞을 테니까요. 그뿐이 아니죠. 심지어 헌병대에 끌려가 고문당하거나 감옥에 갇힙니다. 또는 광신적 애국자에게 암살당할 수도 있습니다. 그런 두려움 때문에 아무도 말을 꺼내지 못했습니다.

현재 일본 경제학자들이 놓여 있는 언론환경은 전쟁 말기 정·재계 관료나 언론 어느 쪽도 '더는 전망이 보이지 않는다'고 말하지 않았던, 혹은 말할 수 없었던 상황과 흡사합니다. 그들이 바보가 아니라면 '성장할 수 없다'고 냉정하게 바라볼 수 있겠지만, 그것을 발설하면 카르텔에서 쫓겨나고 말 겁니다. 거짓말을 해서라도 카르텔에 남아 있어야 자기 이익을 지킬 수 있으니까요. 그들 활동의 배경에는 그런 계산이 깔렸습니다.

경제성장이 이뤄지지 않아 그 말이 모두 거짓임이 밝혀져도 그들은 얼마든지 빠져나갈 수 있습니다. 수십만 명의 전문가가 거짓말에 가담한 셈이라 일일이 책임을 추궁당할 일이 없을 테니까요. 따라서 거짓말했다는 개인 책임에서 모두 벗어날 수 있습니다. 괜히 사실대로 말했다가는 카르텔에서의 추방은 물론, 친정부 언론에서 일을 받지도 못하게 됩니다. 낙하산 인사는 물론이고 정부 산하조직 의원 자리도 사라지죠. 강연이나 집필 의뢰도 들어오지 않고, 어디를 가든 배신자 낙인이 따라다닙니다. 모두가 백안시하고 말을 섞지도 않습니다. 이렇게 혼자만 손해 볼 게 뻔한 노릇이니 '경제성장은 가능하다'고 말하는 편이 안전합니다. 결국, 실제로 경제성장에 가능성이 생기는 것입니다.

앞서 말했듯이 군수산업을 특화하고, 지방을 포기하고 수도권에 전체 인구를 집중시킵니다. 카지노와 올림픽으로 관광객을 유혹하고, 반정부 성향 언론이나 시민단체에 재갈을 물리는 독재체제로 전환해 국시를 '경제성장'으로 바꿔버립니다. 국민의 절반을 '쇠사슬 말고는 더는 잃을 게 없는' 프롤레타리아 처지로 전락시키면 (비극적 결말을 맞게 되겠지만) 단기적으로나마 경제성장이 가능할지도 모릅니다. 그렇게 따지자면 반드시 거짓말이라고는 할 수 없겠죠.

그렇게까지 극단적으로 일을 벌이지 않더라도 '생산성 향상'이나 '혁신'으로 경제성장이 가능하다고 강변하는 경제학자도 있지만, 저는 동의할 수 없습니다.

그들이 말하는 '생산성 향상'이란 쉽게 말해 '기계화'와 '업무과중'입니다. 그것 말고는 방법이 없어요. '기계화'는 사람이 하던 일을 기계가 대신 하는 것이고, '업무과중'은 두 사람이 하던 일을 한 사람에게 몰아 시키는 것을 의미합니다. 기계화하면 인간은 일자리를 잃습니다. 업무과중도 마찬가지입니다. 지금까지 일해온 많은 노동자가 실직합니다. 요컨대 생산성 향상은 같은 일을 더 적은 인원에게 맡김으로써 고용 환경을 열악하게 만들거나 고용 환경 자체를 소멸시킵니다. 물론, 인건비를 줄이면 기업의 수익은 늘겠지만, 말 그대로 노동자의 고혈을 빨아서 얻은 이익일 뿐입니다.

이와 마찬가지로 '혁신'이라는 것도 비관적입니다. 일본의 과학기술 혁신은 80%가 대학에서 이뤄졌습니다. 하지만 최근 20년간 일본 대학의 과학기술 창조력은 가파른 언덕으로 굴러 떨어지듯 쪼그라들었습니다.

논문발표 수는 학술 활동이 얼마나 활발한지를 보여주는 지표 중 하나입니다. 일본은 2002년부터 급감해 2015년에는 미국, 중국, 독일, 영국, 프랑스에 이어 5위로 내려앉았습니다. 그런데 인구가 많아 후하게 얻은 순위일 뿐, 인구당 논문 수로 환산하면 세계 35위까지 떨어집니다. 동아시아에서는 이미 중국, 대만, 한국에 밀리고 있습니다. 세계 선진국 중에서 논문발표가 정체되거나 줄어드는 나라는 일본뿐입니다. 더구나 가장 경쟁이 치열한 IT와 바이오테크놀로지(특히 신약개발) 분야만 따지면 일본은 완전히 밀려난 상태입니다.

다시 말해 이런 자료로 알 수 있는 사실은 일본 대학의 혁신 능력이 최근 급격하게 낮아졌다는 사실입니다. 그런데도 국민은 모르고 있습니다.

저는 대학 현장에서 봐왔기에 실상을 잘 알고 있습니다. 연구할 시간이 부족하다 보니 당연히 학술적 결과물이 나오지 못합니다. 물론 인구감소가 가장 큰 원인입니다.

특히 18세 인구가 급감했습니다. 18세 인구가 가장 많았던 시기는 1966년으로 250만 명에 달했습니다. 근래 많았던 시기는 1992년으로 205만 명이었죠. 그러다 2015년에는 100만 명으로 줄어듭니다. 가장 많았던 시점과 비교하면 40%가 줄어든 겁니다. 학령인구가 감소하면 대학 숫자를 줄이든가 입학 정원을 조절해야 하는데, 일본의 교육행정은 그렇게 하지 않았습니다. 대학 수를 계속 늘려왔던 겁니다.

전후 새로운 학제로 정비한 1953년 시점의 대학진학률은 8%였고, 대학교는 국공립·사립을 통틀어 226개였습니다. 그로부터 반세기가 지난 2015년 무렵에는 3.5배 증가해 779개로 늘어납니다. 1992년의 두 번째 정점을 지나면서 18세 인구가 계속 줄어드는데도 대학은 늘어나고 있었던 겁니다. 물론 대학진학률 상승에 맞춘 증설이었지만, 기대와 달리 대학진학률은 2011년 51%로 최고점을 찍은 뒤에 감소 국면으로 접어들었습니다.

그래서 1990년 중반부터 지원자 모집이 대학교원의 최우선 과제로 떠올랐습니다. 시장에서 요구하는 교육 프로그램을 고안해내는 것이 무엇보다 우선시됐죠. 학생과 학부모가 '고객'이라면 학교는 '상점'이 됐고, 강의는 지식과 기술을 가르치는 '상품'이 된 겁니다. 시장에서 찾지 않으면 바로 폐점입니다. 어느새 대학교육은 상거래 언어가 오가는 장소로 바뀐 겁니다.

그런 환경에서 혁신이 일어날 리 없습니다. 뭔가 말만 꺼내면 '그런 연구로 돈이 되냐?'라는 질문이 곧바로 돌아옵니다. 여기서 '돈'이란 '지원자를 끌어들여 수업료를 받을 수 있겠어?' 혹은 '외부 자금이나 연구비를 받아올 수 있어?' 혹은 '벤처기업에 팔 수 있는 아이템이야?' 등 여러 의미를 내포합니다. 여하튼 연구의 우선순위는 자원을 투입했을 때 얼마나 빨리 자금을 회수할 수 있느냐를 기준으로 정합니다.

자연과학 분야라면 연구비를 받기가 더욱더 어렵죠. '본 연구는 이런 식으로 성과를 올려 사업에 응용하면 돈을 벌 수 있습니다'라고 연구 시작 전 단계에서 말해야 하는 상황이라 '혁신적 성과'까지 기대할 수 없는 상황이 펼쳐집니다. 혁신은 생각지도 못했던 발견을 통해 이뤄집니다. 혁신을 말할 때 '세렌디피티(serendipity)'라는 말을 자주 사용합니다. 세렌디피티는 뭔가를 찾을 때 찾고자 하는 것과 다른 뭔가를 우연히 만나는 경우를 말합니다.

노벨의 다이너마이트나 플레밍의 페니실린, 실버와 프라이의 포스트잇 모두 예상치 못한 발견으로 얻은 비약적 결과물입니다. 다시 말해 세렌디피티는 연구계획서에 쓸 수 없습니다. 그러나 현재의 학술연구는 하고자 하는 연구가 어떤 결과를 가져올지 사전에 열거하지 않으면 연구자금을 끌어올 수 없는 구조로 돼 있습니다.

일전에 만난 교육행정가는 '앞일을 예측할 수 없는 연구'라면 돈을 댈 수 없다고 공언하기도 했습니다. 그런 사람이 연구자원을 배분하는 나라에서 혁신은 어림도 없는 일입니다. 대학의 연구비는 해마다 감소하는데, 2013년 'GDP에서 차지하는 대학교육비 지출 비율'은 1.6%로 OECD 국가 중 최하위를 기록했습니다. 지난 5년간 연속해서 최하위를 차지하고 있는데, 앞으로도 고등교육에 세금을 투입할 예정이 없으니 선진국 최하위 자리를 계속 차지할 것으로 보입니다.

일본은 교육정책 분야에서 OECD 국가 중 가장 실패한 나라라고 해외 언론이 반복해서 지적하지만, 일본 언론은 그런 사실을 전하지 않습니다. 그런 까닭에 일본인 대다수는 일본의 대학교육이 '그럭저럭' 수준은 되리라는 근거 없는 믿음을 품고 있겠죠. 물론 한때는 '그럭저럭' 수준이 아니라 동아시아 최고 수준이었습니다. 하지만 교육정책의 조직적 실패로 선진국 중에서 최하위 수준으로 추락했습니다.

『포린어페어스(foreign affairs magazine)』가 2016년 가을, 일본 교육의 실패를 특집으로 다뤘습니다. 참고가 될 만한 매우 중요한 기사였지만, 당연히 일본 언론이나 문부성은 어떤 반응도 보이지 않았습니다.

기사를 보면 일본 교육에서 결여된 것 중에서 첫째로 '비판적 사고'를 들었습니다. 일본 학교에서는 학생들에게 '비판적으로 사물을 보는' 능력을 가르치지 않고, 단지 시험문제를 잘 푸는 기술밖에 가르치지 않아 혁신이 불가능하다는 겁니다. 또한, 일본 교육은 '새로운 것을 창출하는 능력'을 기르지 않아 문부성이 지난 20년간 추진해온 교육정책(COE[2], RU11[3], 글로벌30[4] 등)은 모두 깨끗이 실패했다고 결론지었습니다.

제가 특별히 『포린어페어스』의 분석이 모두 옳다고 주장하는 건 아닙니다. 하지만 적어도 제 생각과 같은 해외 저널리스트가 있다는 사실은 알게 됐습니다. 문제는 정책이 전부 실패했다고 선고했는데도 문부성이 일언반구도 하지 않는다는 점입니다. 문부성 관료들이 자신의 정책이 성공했다고 믿는다면, 당연히 반론을 내놓았어야 합니다. 까불지 말라고 말입니다. 저처럼 그 기사를 유포하는 사람이 있을 텐데, 만약 그것이 사실과 다른 뜬소문에 불과하다면 증거를 들이밀고 제대로 반박했어야 합니다. 하지만 아무것도 하지 않았죠. 그들도 실패했다는 걸 알고 있기 때문입니다.

일본을 벗어날 수 없는 최하층

일본에서 더는 '혁신'이 일어나지 않을 거라고, 앞서 이야기했습니다. 그런데 경제가 성장하려면 '생산성 향상'과 '혁신'이

---

2) Center of Excellence. 조직을 아우르는 연구 거점.

3) 일본 내 11개 대학으로 이뤄진 컨소시엄으로 정식 명칭은 학술연구간담회이다.

4) 일본 대학의 국제 네트워크 추진사업을 말한다.

이뤄져야 한다고 주장하는 경제전문가가 있습니다. 사실, 있는 정도가 아니라 거의 모든 전문가가 그렇게 말합니다(예외로 미즈노 가즈오(水野和夫), 하마 노리코(浜矩子), 가네코 마사루(金子勝), 모타니 고스케(藻谷浩介) 정도가 있습니다).

그렇지만 안타깝게도 경제전문가뿐 아니라 일본의 기업 경영자 중에서 고용을 줄이지 않고 생산성을 높일 아이디어가 있는 사람은 없습니다. 물론 고용을 창출하면서 생산성을 향상한 경영자도 있겠지만, 그들은 딱히 경제성장을 위해 그렇게 했던 것이 아닙니다. 아마도 '고용 유지'를 위해 이리저리 궁리하다 보니 생산성이 올라갔던 거겠죠. '고용한 인력을 어떻게든 먹여 살리기' 위해 온갖 수단을 강구하다가 해결책을 찾았다고 생각합니다. 그런 순서가 맞다고 봅니다. 그런 식으로 성공한 경영자는 있습니다(개인적으로도 그런 사람을 알고 있습니다). 그러나 어디까지나 예외적 경우입니다. 대부분 경영자는 '경제성장을 하려면 생산성 향상이나 혁신이 우선'이라고 생각합니다. 그러니 생산성 향상이나 혁신이 이뤄지지 않는 겁니다.

'고아키나이'는 '어떻게 해야 모두가 먹고살 수 있을까?'라는 질문에서 시작됐습니다. 바꿔 말해 '완전고용'을 최종 목적으로 삼아 경영하는 일이 '고아키나이'입니다. 거기서 규모만 크게 바꾼 것을 예전에는 '국민경제'라고 불렀습니다. 이케다

하야토(池田勇人)[5] 내각 시절 '소득배증'을 기획했던 대장성 관료 시모무라 오사무(下村治)의 말을 들어봅시다.

"국민경제의 진정한 의미는 무엇일까. 일본으로 말하자면, 일본열도에서 생활하는 1억 2천만 명이 어떻게 해야 먹고살 수 있는가에 관한 문제다. 1억 2천만 명은 일본열도를 벗어날 수 없는 운명을 전제로 살아가고 있다. 개중에는 외국으로 탈출하는 사람도 있지만, 예외적일 뿐이다. 모두가 4개의 섬에서 생애를 마치는 운명을 지니고 있다. 그런 **1억 2천만 명이 어떻게 해야 고용을 확보하고, 소득을 높여 생활 안정을 누릴 수 있을까? 바로 그것이 국민경제다.**"

(시모무라 오사무 『일본은 나쁘지 않다—나쁜 것은 미국이다』
네스코, 1987년)

시모무라 오사무가 이런 글을 쓴 건 30년 전인 1987년의 일입니다. 지금처럼 당시에도 자민당이 집권하고 있었지만, 지금 일본에는 시모무라의 국민경제론에 동의하는 사람이 정·재계와 언론계 통틀어 거의 없습니다. 놀랄 일이죠. 시모무라는 탁상공론으로 끝내지 않았습니다. 전후 일본에서 무엇보다 성공한

5) 1960년 7월~1964년 10월까지 제58대, 59대, 60대 내각 총리를 지냈으며 전후 일본의 경제성장에 많은 업적을 남겼다.

경제정책을 마련하고 실천한 사람이었습니다. '무엇보다 성공한 경제정책'이 최우선으로 삼았던 과제는 '일본열도에서 살아가야 할 운명에서 벗어날 수 없는' 동포를 먹여 살릴 방도를 찾는 일이었습니다.

지금 일본 지도층에 그런 식으로 경제를 논하는 사람은 없습니다. 오히려 일본열도에서 살아가야 할 운명에서 벗어날 수 없는 사람을 글로벌 경제 시대의 패배자로 분류합니다. 글로벌리스트들은 열도 안에서 생산성이 낮은 산업군(예를 들어 농림수산업)에 매달린 사람은 일본열도에서 살아가야 할 운명에서 벗어나려고 하지 않는 탓에 궁핍해졌으니 빈곤은 스스로 책임져야 한다고 말하겠죠. 지금처럼 눈 감으면 코 베어 가는 시대에 살아남으려면 '일본열도 탈출'이 가능한 사람이 되든지, 그럴 수 없으면 굶어 죽더라도 불평하지 말라는 게 그들의 본심입니다.

오늘날 일본 국민의 등급 기준은 기동성입니다. 말 그대로 이동 능력입니다. 국경 밖 인종이나 종교 또는 생활문화가 다른 전 세계 어디서라도 살아가는 능력입니다. 미디어에서는 세계 어디에 가나 친구나 지인이 있고, 비즈니스 네트워크 구축이 가능한 사람을 마치 일본인의 롤모델이라는 듯이 칭송합니다. 일본에 살지 않아도, 일본 음식이나 일본인 지인이 없어도 상관없는 사람입니다. 아울러 일본 풍경이나 예술, 종교를 접할 수 없어도 신경 쓰지 않습니다.

글로벌 인재 육성 교육은 그런 인간을 이상으로 삼고 있습니다. 다시 말해 문자 그대로 일본열도가 침몰하거나 원자력발전소 사고로 거주 불능 상황이 돼 일본이 소멸해도, 일본어와 일본 문화가 사라져도 '별로 상관없다'고 말하는 사람을 우리 사회는 이상적인 모델로 떠받들고 있습니다. 학교는 학생들이 자기계발에 힘을 기울여 그런 사람이 되도록 교육하고 있습니다.

저는 시모무라 오사무의 국민경제론에 깊이 공감합니다. 글로벌리스트는 해외 비즈니스 네트워크는 물론 영어도 못 하고 해외에서 지낼 집도 없어 애초부터 해외는 염두에 두지 않아 '네 개의 섬에서 생애를 보내야 할 운명'을 따르는 일본인을 '사회 최하층'으로 여깁니다. 저는 거꾸로 말하고 싶습니다. "일본 따위 망해도 상관없는 사람은 잘 들어라. 너희도 뉴욕이든 싱가포르든 좋아하는 곳에서 글로벌 비즈니스를 하며 잘살기 바란다. 하지만 앞으로 '일본 사회가 어떻게 해야 할지'에 대해서는 제발 잘난 척 좀 하지 말라."고.

'고아키나이'와 '국민경제'는 서로 스케일이 다르지만, 발상의 근본은 같습니다. 사람을 우선합니다. 돈을 우선하지 않고 인간을 먼저 생각합니다. 의식주가 갖춰졌고, 매일 8시간 정도 자고 때로 목욕할 수 있는 삶. 일과가 끝나면 친구들과 한잔하거나 휴일에 여행을 떠나거나 독서, 등산, 수영, 낚시 등을 할 수 있는 삶을 우선합니다. 아울러 그런 삶을 누릴 수 없어 죽고 싶은 사람이 있다면 그들의 삶이 평안할 수 있게 뭔가를 고려하는 사회제도를 마련해야 합니다. 그것이 맞는 순서라고 생각합니다.

국민국가나 시장 또는 자본주의 경제나 회사가 우선한다고 생각하지 않습니다. 물론 그런 요소를 우선하는 제도는 이미 존재하죠. 하지만 '이미 있는 것'과 '우선하는 것'은 다릅니다. 인류 역사를 돌아봐도 모든 제도는 우선적으로 인간이 유쾌한 삶을 살도록 고안돼 왔습니다. 제도를 위해 인간이 존재하는 것이 아닙니다.

경제활동의 본질

교환 행위는 인간이 사회적으로 더욱 성숙한 존재가 되도록 마련한 장치입니다. 인간에게 교환 본능이 있었던 게 아닙니다. 물건을 교환하려면 여러 가지 사회제도를 정비해야 할 뿐 아니라 사회적 성숙이 필요합니다. 적절한 거래와 교환이 지속해서 이뤄지려면 '어른이 될 필요'가 있었습니다. 그래서 인류는 경제활동을 시작합니다. 경제활동을 계기로 인간은 먼저 성숙을 이루려 했던 겁니다. 그런 순서를 잊어서는 안 됩니다.

경제활동의 본질을 알려주는 사례로 '쿨라교역'이 있습니다. 트로브리안드 제도에서 이뤄졌던 경제활동의 기원적 형태로 인류학자 말리노프스키에 의해 알려졌습니다. 쿨라교역에서 교환된 물건은 조개껍질로 만든 장신구였는데, 크기가 작고 착용하기 어려워 실용성이 전혀 없었습니다.

교환의 가장 큰 목표는 실용성 없는 장신구의 교환이 매끄럽게 이뤄지도록 쿨라의례 당사자 사이에 확고한 신뢰 관계를 쌓는 일입니다. 트로브리안드 제도에서는 섬마다 쿨라 담당자가 있어 그들이 교환을 맡습니다. 섬들은 서로 잠재적 적대관계에 놓이는 경우가 있으므로 쿨라 담당자는 교역을 위해 이웃 섬을 방문했을 때 서로 안전을 보장하는 역할도 합니다. 그래서 쿨라 담당자는 해당 집단의 실력자이거나 인망이 두터운 사람일수록 좋습니다. 물론 쿨라 담당자가 많으면 많을수록 섬에 머무는 동안 안전하고 유쾌한 시간을 보낼 수 있습니다.

그런데 쿨라교역을 위해서는 범선을 만들어 먼바다로 나갈 수 있어야 합니다. 당연히 조선기술이나 항해술, 해양기상학, 천문학 등에 지식과 기술이 있어야 쿨라교역에 참가할 수 있었죠. 또한, 쿨라의례 후에는 특산물을 교환했습니다.

대개 '경제활동'이라고 하면 마지막 단계만을 생각합니다. 하지만 쿨라교역에서 볼 수 있듯이 정작 경제적 가치가 있는 물건의 교환은 교역 활동 과정에 따르는 부가적 행위일 뿐입니다. 쿨라교역에서 우선하는 과제는 '다른 종족과 신뢰를 쌓고 친구가 되는 일'입니다.

두 번째 과제는 '항해술의 습득'입니다. 바람과 물을 유용한 에너지로 변환하는 기술을 습득하는 거죠. 저는 여기에 인간이 영위하는 경제활동의 모든 의미가 담겼다고 생각합니다. 친구를 만들고, 상부상조하는 관계를 만드는 일. 그리고 '환대'와 '신뢰'를 비롯한 '약속'과 '보장'이라는 '인간적' 개념으로 서로 이어지는 일이 여기에서 비롯됩니다. 이것을 우선적인 목표로 삼아 교환하는 겁니다. 그러면 교환이 정상적으로 유지되는 제도를 마련하려고 머리를 짜내게 됩니다. 도량형, 통화, 외환, 상거래 관습, 상법 등의 합의 형성과 교통수단, 통신수단의 정비가 뒤따르겠죠. 이처럼 인간은 경제활동을 통해 사회적 성숙을 이뤘습니다.

　다시 말하자면, 경제활동은 인간의 사회적 성숙을 이루기 위해 인간이 만든 개념일 뿐, 경제활동의 지속을 위해 인간이 존재하는 것이 아닙니다. 그것을 기본으로 경제를 바라봐야 합니다. 그런 기본도 모르는 사람이 경제에 대해 지껄이는 말은 모두 헛소리입니다. 그 헛소리가 원인이 돼 사람이 죽거나 전쟁이 나고, 심지어 나라가 망하더라도 헛소리라는 사실에는 변함이 없습니다.

　'고아키나이'는 경제의 원점으로 돌아갈 계기를 마련해줍니다. 제가 고아키나이를 추천하는 이유가 여기에 있습니다. 고아키나이는 사람들이 '우리는 왜 교환하려고 하는 걸까?'라는 근원적 성찰에 이르게 합니다. 기업에서 한 달 100시간에 달하는 잔업으로 과로에 시달리거나 모니터 앞에서 눈이 충혈되도록 요동치는 주가 그래프를 주시하는 사람의 뇌리에는 그런 의문이 전혀 와닿지 않을 겁니다. 하지만 경제활동의 '참된 의미'를 모르는 인간이 경제활동으로 인간적 가치를 창출하는 경우는 없습니다, 절대로.

제8장

—

개인에서 '집단'으로
공동체주의로 위기를 극복한다

농업의 가치는 낮은 생산성에 있다

젊은 세대가 농업에 종사하는 이유는 여러 가지입니다만, 가장 큰 이유는 농업이 현대 산업 중 예외적으로 생산성이 낮다는 데 있다고 생각합니다. '생산성이 낮다'는 것은 어떤 사업에 많은 인력이 필요하다는 의미입니다.

거꾸로 보면 '생산성이 높다'는 것은 되도록 적은 인력이 일을 해낼 수 있다는 의미입니다. 생산성이 높아지면 일자리가 줄어들겠죠. 고용과 생산성은 서로 제로섬 관계에 있습니다. 경제 전문가들은 그렇게 말하고 싶지 않겠지만, 사실입니다.

앞서 말했듯이 인간이 경제활동을 하는 이유는 사회적 성숙을 이루는 데 있습니다. 따라서 되도록 많은 사람이 경제활동에 참여하는 게 생산성이나 수익률, 주가보다 훨씬 더 중요합니다. 저는 그렇게 봅니다. 하지만 지난 20년간 글로벌 자본주의의 추이를 지켜보면서 우리가 알게 된 사실은 글로벌 자본주의가 고용 확대나 시민적 성숙에 아무런 관심이 없다는 것이었습니다. 다시 말해 글로벌 자본주의 체제에서 이뤄지는 많은 행위는 정확히 말해서 경제활동이라고 볼 수 없습니다.

도시에서 임금노동을 포기하고 농업으로 향한 젊은 세대의 목표는 특별히 농촌에서 합리적 경영을 시도하거나 영농 기계화로 자본을 쌓는, '강한 농업'을 일으키려는 것이 아닙니다. 오히려 그 반대입니다. 그들은 농업이 생산성이 현저하게 낮은 일이기에 귀농을 택한 겁니다.

그런 상황에서 무엇보다 필수적으로 갖춰야 하는 건 신뢰할 수 있는 인간적 네트워크입니다. 상부상조할 수 있는 유대 관계를 맺고, '환대'와 '신뢰'를 비롯한 '약속'과 '보장'이라는 '인간적' 개념으로 서로 이어지는 일이 필요합니다.

농업에서는 하나의 일을 마치는 데 많은 손길이 필요합니다. 그렇다고 임금을 주는 식의 고용구조로는 해결할 수 없습니다. 산림을 보호하거나 수로를 만들고, 도로를 정비하는 일은 한 사람의 힘으로 할 수 없으므로 함께 해결해야 합니다. 그러려면 '우리'라는 일인칭 복수를 '농업의 주체'로 내세울 수밖에 없습니다. 단수로는 존립할 수 없어요. 소설을 써서 원고료를 받거나 작곡해서 저작권료를 받거나 주식을 사고팔고 싶다면 '기존 사회구조'로 돌아가 혼자서 일하면 됩니다. 하지만 농업은 혼자서 할 수 없습니다.

일손이 부족한 농촌은 누구라도 와주기를 바라고 있었습니다. 함께 일할 구성원을 요청했기에 청년들이 도시를 떠나 농촌에 정착할 수 있었던 겁니다.

촌락공동체는 원래 폐쇄적입니다. '정상'적이라는 건 변화를 싫어한다는 뜻입니다. 당연하게도 새로운 구성원의 유입을 경계했습니다.

예컨대 1970년대 좌익 운동에 몸담았던 과격파 청년 일부가 귀농한 적이 있었습니다. 제국주의적 기업 따위에서 일할 수 없다는 결벽증과 혐오감이 작용한 탓이겠지만, 실제로 농촌에 정착한 경우는 적은 수에 그치고 말았습니다. 물론 자신들만의 폐쇄적 코뮌을 만들어 귀농한 집단이 있었지만, 개인이 농촌에서 환영받은 사례는 극히 드물었습니다. 그 정도로 촌락공동체는 폐쇄적이었습니다.

그런데 분위기가 바뀌었습니다. 농촌 지역의 급격한 인구감소 때문입니다. 열도 전역에 한계집락(限界集落)[1], 준한계집락 지역이 늘어났습니다. 그대로 방치하면 머지않아 인구가 줄고, 경작 포기 농지가 늘어날 테죠. 그러면 행정 쪽에서는 예산 삭감이라는 명목으로 철도 폐선을 비롯해 도로, 다리, 터널 등의 보수를 중단합니다. 학교도 문을 닫고 파출소, 소방서는 물론 병원도 사라지겠죠. 그러다가 어느 시점에서 거주 불가능 지역이 됩니다.

이처럼 강한 위기감이 외지인에 대한 경계심보다 커진 겁니다. 일본 역사를 놓고 볼 때 지극히 예외적인 사건이 벌어졌다고 생각합니다. 20년 전이었다면 촌락공동체는 청년들을 쉽사리 받아들이지 않았겠죠. 만일 계속 받아들이지 않은 채 지금부터 다시 20년이 흐른다면 촌락공동체는 소멸할 가능성이 큽니다.

---

1) 지속 가능이 어려운 지역을 말하며 한국의 '한계취락'에 해당한다.

이처럼 아슬아슬한 시간대와 3·11[2] 이후의 'I턴, U턴' 흐름이 때맞춰 합류했다고 봅니다.

농업에는 일손이 필요합니다. 계절이나 작물의 종류에 따라서는 '고양이 손이라도 빌리고 싶을' 정도로 일할 사람이 부족합니다. 그래서 농촌 경험이 전혀 없는 사람이라도 정착할 의사만 있다면 얼마든지 일할 수 있습니다. 농사 말고도 산림을 지키고, 도로를 보수하고, 수로를 정비하고, 지붕을 고치고, 제례를 지내고, 모임을 만드는 등 다양한 활동이 가능합니다. 도시에서 온 젊은 세대는 그런 활동을 펼치면서 점차 한몫할 수 있는 '농가'로 거듭납니다. 이렇게 점진적으로 성숙해가는 겁니다. 그것이 가능한 것은 일단 농업에는 일손이 필요하고, 생산성이 낮기 때문입니다.

시민적 성숙을 이끄는 농업의 힘

'강한 농업'을 내세우는 사람이 있습니다. 글로벌 자본주의와 농업의 양립을 목표로 삼는 듯합니다만, 제가 여러 차례 지적한 바와 같이 그런 시도는 머지않아 파탄에 이르게 됩니다. 기업경영이란 '비용의 외부화'로 이뤄지는데, 농업에는 **비용을 외부화할 여지가 없기** 때문입니다.

---

2) 2011년 3월 11일 발생한 동일본대지진을 의미한다.

농업을 꾸려가려면 농업이 가능한 환경이 필요합니다. 잘 가꾼 산림과 깨끗한 하천, 그리고 잘 닦인 길과 단단한 다리가 있어야 합니다. 그리고 그것을 관리할 농업종사자가 있어야겠죠. 혹은 땅에 제를 올리는 의례와 전통예술의 전승도 그런 환경의 하나로 볼 수 있습니다. 제사나 의례는 촌락공동체에 활기를 주고, 공동체 일원에게 일체감을 줍니다. 더구나 그런 활동은 모두 농업종사자들의 무임금 노동으로 유지돼 왔습니다. 이와 관련해 우치야마 다카시(內山節)가 남긴 글이 있습니다.

"산촌에 머물 때면 가끔 마을 사람을 따라 산나물이나 버섯을 캐러 간다. 그때 노인들은 오랜 관습 대로 손도끼나 톱 그리고 밧줄을 허리춤에 찬다. 산길이 막히면 나뭇가지를 치고, 나무에 얽힌 덩굴을 제거한다. 산이나 나무의 주인이 누구인지는 중요하지 않다. 산의 생명력을 유지하려면 소유권이야 부차적인 문제일 뿐이다. (…) 화폐를 뒷받침하는 가치를 만들어 내는 일만을 노동으로 친다면 어지간히 비생산적 일이다. 그러나 예부터 마을 사람에 자연은 화폐적 가치의 원천이기에 앞서 사용가치의 원천이다. 자연에 인간의 작용, 즉 노동이 가해짐으로써 진정한 사용가치가 만들어진다."

(우치야마 다카시, 『자연과 인간의 철학(自然と人間の哲学)』,

이와나미쇼텐, 1988)

'산의 생명력을 유지'하는 노인의 활동은 임금노동이 아닙니다. 누구도 그의 노동에 대가를 치르지 않습니다. 하지만 그런 활동 없이 농업은 실현될 수 없습니다.

그런데 만일 영리기업이 농업경영에 나선다면 그런 '무임금 노동'까지 떠안아 비용을 치를까요? 저는 그러지 않으리라고 봅니다.

자본주의 경영은 한마디로 '비용의 외부화가 어디까지 가능할까'를 궁리하는 일입니다. 공장이 오염수를 바다로 내보내고, 배기가스를 대기로 방출하는 것은 공해 대책 비용의 외부화입니다. 교통 인프라 정비 같은 일을 행정적으로 요구하는 것도 유통 비용의 외부화입니다. 원자력발전소 가동을 요구하는 것도 제조비용 외부화의 일환입니다. 글로벌 인재육성도 마찬가지입니다. 인재육성 비용을 '대학'이라는 외부에 맡기는 겁니다. 이처럼 기업 활동에 필수적인 요소를 마련하는 데 드는 비용을 다른 누군가에게 억지로 떠넘기는 것이 비용의 외부화입니다. 그래서 기업은 농업경영에 필수적인 산림의 관리나 하천·해양의 관리, 교통 인프라 정비에 드는 비용을 내지 않을 겁니다. '그것은 행정이 해야 할 일'이라든가 '그런 일은 세금으로 해야지' 또는 "그러라고 법인세 내잖아."라고 내뱉으면서 말이죠.

그렇게 농업이 가능하도록 환경을 정비하는 데 드는 비용을 전부 다른 곳에 떠넘기면서 영리 목적의 농업에만 전념한다면 확실히 개별기업으로서는 최소한의 이익을 볼 수도 있겠죠. 하지만 실제로는 지금껏 농업종사자들이 무임금 노동으로 맡아왔던 비용을 자사의 이익으로 대체했을 뿐입니다. 비용을 외부화한 것이죠.

'강한 농업'이란 생산성이 높은 농업을 말합니다. 다시 말해 인건비를 들이지 않는 사업을 의미합니다. 원리적으로 봤을 때 강한 농업은 해당 지역에서 새로운 일자리를 만들어내지 않죠. 광대한 농지에 농사꾼은 없고 기계가 돌아가는 상태가 강한 농업의 이상입니다. 그렇게 일하는 사람이 사라지면 현지의 소비활동은 위축되겠죠. 기업을 유치해봤자 고용 창출 효과도 없고, 지역경제에 보탬도 되지 않는다면, 행정 쪽에서도 '사기업을 위해 그렇게까지 세금을 투입할 수 없다'는 말을 꺼냅니다. 그러면 기업은 '그렇다면, 그만두겠습니다'라면서 사업을 철수합니다. 그 시점까지 투자한 돈을 회수하고 남은 돈이 단 1엔일지라도 기업적으로는 성공일 테니까요. 남는 건 황폐해진 산하와 아무도 없는 경작 포기 농지뿐입니다.

2012년 오이(大飯) 원자력발전소가 재가동하기까지 일본 재계가 어떤 논리로 당시 노다 요시히코 내각을 협박했는지 기억하십니까? 그들은 이렇게 말했습니다. '원자력발전소를 재가동하지 않으면 전력비용이 상승해 일본 기업의 국제경쟁력이 저하된다. 따라서 재가동하지 않겠다면, 우리는 일본을 버리고 제조 거점을 해외로 이전할 것이다. 그렇게 되면 국내 고용은 소멸하고, 지역경제는 궤멸해 법인세 수입이 사라질 것이다. 그래도 좋은 가?'라고 말이죠. 이어서 말하기를 '그것으로 일본 경제가 타격을 받더라도 우리는 관여하지 않겠다. 원자력발전소 재가동에 주저한 일본 정부와 일본 국민에게 책임이 있다'고 했습니다. 그런 협박에 정부는 굴복했고, 결국 재가동을 허용하고 말았습니다.

그때 일본인들은 '1엔이라도 비용이 저렴한 곳에서 조업하는 것이 기업의 상식이고, 조업하는 지역에서 고용 창출이나 경제파급 효과를 보증할 의무는 없다'는 규칙을 받아들인 겁니다. 그래서 기업이 농업에도 같은 규칙을 적용하면서 진출하더라도 (심지어 '나중 일이야 어떻게 되든 알게 뭐냐'는 식으로 철수하더라도) 국민은 그런 행태를 비판할 근거가 없는 겁니다.

저는 애초부터 자본주의 경영의 형태를 띤 '강한 농업'이 농촌에 정착할 수 있다고 믿지 않았습니다. 비용을 제대로 산출하고 처리한다면 기업으로서는 수지타산이 전혀 맞지 않는 사업이기 때문입니다.

'강한 농업'을 기치로 내걸고 농업에 진출한 기업은 반드시 지금까지 농업종사자가 무임금 노동으로 부담해온, '농업이 가능하도록 환경을 정비하는 데 드는 비용'을 대부분 해당 지자체에 요구합니다. 눈앞의 세수 증대와 지역경제의 파급효과를 기대한 지자체는 무작정 기업을 받아들일 테죠. 하지만 기업에 무시당할 만큼 무시당한 뒤에는 황폐한 산하와 경작을 포기한 농지만 남겠죠. 그렇게 되면 누가 책임져야 할까요? 애초에 일을 벌인 사람은 이미 오래전에 퇴직했거나 죽었거나 자취를 감췄기에 책임질 사람은 어디에도 없습니다.

다시 말씀드리지만, 농업은 생산성이 낮은 산업입니다. 이른바 경제 합리성에도 어긋납니다. 하지만 '되도록 많은 사람을 경제활동에 끌어들여 공동 사업으로 사회적 성숙을 이끈다'는 경제활동의 인류학적 취지에는 잘 들어맞습니다. 케인스는 '완전고용'이 경제학의 목적이라고 말했습니다만, 그것이 말하는 바는 경제활동에서 요구하는 인간적 네크워크의 확산이 시민적 성숙을 이끄는 불가결한 요소라는 의미와 맞닿지 않을까 싶습니다. 인간에 대한 통찰이 녹아든 표현이라고 생각합니다.

일본 만화가 세계를 휩쓰는 이유

현대 사회에서는 누구나 경쟁에 내몰려 우열을 다툽니다. 자신에 대한 평가가 높기를 바라죠. 많은 사람이 그렇게 살고 있습니다. 하지만 유사 이래 인류가 그렇게만 살아왔던 것은 아닙니다. 지금도 경쟁을 내세우지는 않는 사회 집단이 있습니다. 좋은 예가 만화계입니다.

며칠 전 교토 세이카대학 학장이자 만화가인 다케미야 게이코 선생과 대담할 기회가 있었습니다. 다케미야 선생은 야마기시 료코, 오시마 유미코, 하기오 모토, 아오이케 야스코, 기하라 도시에 등과 함께 이른바 '24년조'[3]로 불리는 쟁쟁한 만화가 세대 중 한 사람입니다. 다케미야 선생과 이야기를 나누면서 가장 감동했던 점은 만화 기법과 관련해서 그들은 처음부터 퍼블릭 도메인을 채택했다는 사실이었습니다.

누군가 참신한 컷 분할을 생각해내면 모두가 그 방법을 따릅니다. 캐릭터 설정이나 스토리텔링 기법, 스크린톤을 붙이는 법, '반짝반짝 빛나는 눈'을 표현하는 법 등 누군가가 시작하면 '아, 저런 방법이 있었구나!' 하면서 업계 전체가 일제히 수용합니다. 그렇다고 처음 고안한 사람이 '내가 오리지널이니까 따라하지 마'라는 식으로 옹졸한 태도를 보이지도 않습니다.

작화 기법이 향상되면 만화의 수준이 높아져 독자가 늘어나고 잡지 판매량이 늘고 단행본으로도 제작됩니다. 만화가를 지망하는 사람도 늘면서 순환이 이뤄지면 결국 만화산업계 전체가 이익을 얻게 됩니다. 그들의 사고방식은 그랬습니다.

그들의 작품은 이미 러시아어, 아랍어, 우르두어 등으로 번역

---

3) 24년조(24年組)는 쇼와 24년(1949년) 즈음에 태어나 1970년대 소녀만화의 혁신을 일으킨 일본 여성 만화가 집단을 말한다.

돼 해외에 수천만 명의 독자를 거느리고 있습니다. 처음에는 일본어를 할 줄 아는 한 애독자가 자국의 언어로 번역해 인터넷에 올렸는데 사람들이 그것을 보고 팬이 된 겁니다.

만약 그때 '해적판은 안 돼!'라고 소란을 피우면서 법적으로 규제했다면 어떻게 됐을까요? 지금처럼 해외에서 열혈팬이 나오기 어려웠겠죠.

어렸을 때부터 자국어로 번역된 일본 만화를 보고 자란 세대가 지금은 교토 세이카대학의 다케미야 선생에게 만화를 배우러 유학길에 오르고 있습니다. 질 높은 만화를 제공하면서 그것을 이해할 수 있을 정도의 문해력 높은 독자를 배출한 겁니다. 그렇게 퍼블릭 도메인을 최대한 활용한 결과, 일본 만화는 세계 최고가 될 수 있었습니다.

문학은 만화와 달리 저작권 문제가 복잡합니다. 묘사나 캐릭터 설정 등을 따라 하면 곧바로 표절 시비가 일어나죠. 작가 중에는 자신의 단행본이 잘 팔리지 않자 도서관에 납품하지 않거나 독자가 인터넷에 내용을 공개하지 못하게 하는 사람도 있습니다. 하지만 일본 문학가 중에서 세계적으로 몇억 명의 독자를 확보한 작가는 없습니다. 문학 월간지 발행 부수도 고작 5,000부 정도입니다. 이런 사실은 개인으로 평가받는 것과 집단으로 살아남기를 목표로 삼는 것 중 어느 쪽이 장르의 번영에 도움이 되는지를 확실하게 말해준다고 생각합니다.

승자에게는 보상을, 패자에게는 처벌을?

전후 일본은 일관되게 '개인주의'를 지향했습니다. 집단보다 개인이 중요하다는 생각은 전쟁 경험을 통해 부각한 것 같습니다. 하지만 너무 많이 나갔습니다. 자신의 이익을 집단보다 우선하는 게 좋을 때도 있고, 집단의 생존을 개인 이익보다 우선하는 게 좋을 때도 있습니다. 상황에 따라 달라진다고 할까요. 평화롭고 풍요로운 시대라면 자기 일만 챙기면 되지만, 가난하고 위험한 시대라면 자기 것만 챙기는 사람이 먼저 죽습니다. 정말 그렇습니다.

공동체주의는 일반적으로 알려졌듯이 구성원을 동등하게 균질화해야 한다는 주장이 아닙니다. 안전한 사회의 효율 우선 집단에서는 동조압력이 작동하겠지만, 구성원이 모두 비슷한 조건에서 위기 상황을 맞으면 동조압력은 오히려 리스크가 됩니다. 다시 말해 되도록 성원의 능력이나 적성이 '서로 다를 때' 그 집단의 생존 가능성이 커집니다. 누구는 의술을 안다거나 또 누구는 독버섯을 구별할 수 있다거나, 선박이나 헬기를 조종할 수 있는, 다른 사람으로 대체할 수 없는 다양한 능력을 갖춘 사람으로 구성된 집단이 가장 강합니다.

구로자와 아키라 감독의 「7인의 사무라이」라는 영화를 보면 위기 상황에 대처하는 집단이 어떤 조직으로 이뤄졌는지 알 수 있습니다. 일반적으로 전투 집단이라면 검술 고수만 있으면 된다고 생각하겠지만, 그들은 그렇지 않습니다. 솜씨는 별로라도 분위기를 띄워주는 사람이 있고, '젊은이를 죽게 내버려 둘 수 없다'며 서로 다른 세대를 결속시키는 사람도 있습니다. 예스맨도 있고 무조건 밀어붙이는 사람도 있죠. 조정자 역할을 하는 사람이나 익살꾼도 있습니다. 일곱 명 모두 자질이 제각각 다르기에 최강의 전투 집단이 된 겁니다. 그것이 공동체주의 사고방식입니다.

잇코잇키(一向一揆)[4]에 의해 100년에 걸쳐 자치가 이뤄진 가가(加賀)는 '백성이 지배한 나라'로 불렸지만 여기서 '백성(百姓)'은 글자 그대로 '다양한(百) 직능을 가진 사람(姓)'이라는 의미입니다. 농민도 있고, 장인도 있고, 예인과 무사도 있습니다. 강한 집단은 절대로 동질적 집단이 아닙니다. 균질할수록 집단의 생존력은 약해집니다.

동조압력이 강한 집단이 존재하려면 개개인이 집단의 이익을 고려하지 않고, 자신의 이익만을 좇더라도 딱히 문제가 일어나지 않는, 평화롭고 풍요로운 사회여야 합니다. 동조압력을 높여 개인을 정형화한 틀에 맞추고 동일한 기준에 따라 등급을 매긴 뒤, 상위 등급에는 상을 내리고 하위 등급에는 벌을 주는 '당

---

4) 무로마치 전국시대에 긴키, 호쿠리쿠, 도카이 지역에서 정토진종 주축으로 일어난 농민, 상공인, 무사 등의 민중 봉기.

근과 채찍' 전략이 먹히는 경우는 '위험한 일이 일어나지 않는 사회'에서만 가능합니다.

'승자에게는 보상, 패자에게는 처벌'이라는 규칙으로 집단을 관리하면 각각의 구성원은 다른 구성원들이 자기보다 우둔하고 무능하기를 바라게 됩니다. 그래야 자신에게 유리하니까요. 하지만 그렇게 구성원들이 서로 성장을 방해하면 집단 자체에는 어느새 '쓸모없는 인간'들만 남게 됩니다. 물론 '약간 쓸모있는 인간'은 '선택과 집중'의 혜택을 볼 수도 있겠지만, 집단은 외부로부터의 일격만으로도 무너지기 쉽습니다. 지금 일본의 현실이 그렇습니다.

제가 개인주의에서 공동체주의로 넘어가자고 말하고 있지만, 개성을 억눌러야 한다는 이야기는 아닙니다. 오히려 개성 있는 인간이 나타나길 진심으로 바라고 있습니다.

제9장

—

탈시장경제

시장은 만능이 아니다

멈추지 않는 격차사회

살아가는 데 근간이 되는 필수 서비스가 차례로 상품화하여 시장에 투입되고 있습니다. 지금까지 공동체 내부에서 종종 무상으로 서로 도우며 이뤄졌던 육아, 교육, 의료, 돌봄 서비스를 시장에서 사고팔수 있게 됐습니다.

사람이 살아갈 때 필요한 모든 것이 가격표를 달고 시장에 나와 있으니 돈만 있으면 누구나 살 수 있습니다. 돈만 있다면 살아가는 데 필요한 모든 것을 시장에서 살 수 있으니 어떤 의미에서 편리하기도 합니다. 돈 버는 일에만 집중하면 될 테니까요. 이보다 살기 좋은 세상이 없습니다.

하지만 역설적으로 돈 없이는 살아가는 데 필수적 지원조차 받을 수 없다는 말도 됩니다. 과거에는 삶의 질을 높이고자 지역사회에 뿌리를 내리고, 친족이나 친구와 신뢰를 쌓아왔습니다. 어른스럽거나 정의롭거나 남을 잘 돌볼 수 있다면 집단 내부에서 편히 지낼 수 있었죠. 그런데 그런 것들이 돈의 유무로 대체된 겁니다.

편안한 삶을 누리는 데 필요한 조건이 돈으로 일원화되는 것은 무서운 현상입니다. 급속하게 격차를 한쪽 방향으로 확대하기 때문입니다. 일정한 기간에 1만 엔을 100만 엔으로 늘리는 일에는 상당한 노력이 필요하지만, 1억 엔을 1억 천만 엔으로 늘리는 일은 그다지 어렵지 않습니다. 100억 엔을 101억 엔으로 올리기는 더 간단하죠. 하지만 늘어난 금액 자체만을 따지면 현격한 차이가 있습니다. 돈을 가진 사람이 더 쉽게 부자가 됩니다.

이는 다른 자원에도 똑같이 적용됩니다. '어른스러운 사람' 주변에 '어른'이 모입니다. '어른만으로 구성된' 조직에서는 구성원이 서로 성장을 지원함으로써 더 어른이 되는 것도 같은 이치입니다. '의로운 사람'도 '남을 잘 돌보는 사람'도 사정은 마찬가지입니다. 그렇게 뛰어난 자질을 갖춘 사람들이 작정하고 모이면, 그들이 공유하는 자원은 집단에 배타적으로 축적됩니다. 일찍이 하시모토 오사무[1]는 '현명한 사람은 비밀스럽게 움직인다'고 갈파한 적이 있는데, 정말로 그렇습니다.

무엇이든 '비밀스럽게' 움직입니다. 부자들은 당연히 그렇게 합니다. 고급 정보를 동료하고만 몰래 공유합니다(어디에 신칸센이 생긴다든지). 돈이 있는 사람은 그런 정보를 이용해 단시간에 큰돈을 벌었습니다(신칸센 건설 예정지를 사전에 헐값에 사들이면서). 이처럼 비슷한 동지끼리 뭉치는 일은 중단되지 않습니다. 자연스러운 과정이죠. 그렇게 계층 간 격차가 벌어집니다.

격차확대는 누군가가 사악한 마음을 품고 만들어낸 일이 아닙니다. 시장의 합리적 선택이 가져온 결과일 뿐입니다. 단기적

---

1) 橋本治(1948년~2019년) : 일본의 소설가, 평론가, 수필가.

으로 자본주의를 순항시키려면 초부유층에게 권력을 비롯한 재화, 문화자본 등 모든 걸 집중하는 편이 낫습니다. 하지만 그것은 어디까지나 '앞날을 생각하지 않는다'는 조건에서 그렇습니다.

인간에게 필요한 자원이 소수에게만 배타적으로 축적된다면 집단 전체의 생명력은 쇠약해집니다. 혁신도 일어나지 않죠. 위기가 닥쳐도 대처할 수 없습니다.(거의 모든 구성원이 그 집단에 대해 진저리를 친다면 누가 목숨을 걸고 싸울까요) 격차가 확대하는 집단은 머지않아 쇠퇴하고 맙니다. 이쯤 됐으면 국민은 그 사실을 알아차려야 합니다. '시장은 틀리는 법이 없다'는 말을 근거로 삼아 매달리다 보면 국민 과반은 시장에서 버림받게 될 겁니다. 시장은 '눈앞의 수익'에 대해서만 반응하기 때문이죠. 같은 이유로 모든 걸 시장에 맡긴다면 격차확대를 멈출 수 없습니다. 따라서 강력한 의지를 갖춘 뭔가가 시장의 전능을 막아야 합니다.

일본은 메이지시대 이후 계급제가 폐지됐지만, 표면적으로만 그렇습니다. 글로벌 대기업 총수나 여당 정치인은 황실을 정점으로 과거 재벌가와 인적 관계로 뭉쳐 있습니다. 이제는 의사나 학자, 연예인도 세습이 일반적입니다. 소득 격차뿐 아니라 계급이 고착화하고 있죠. 사회 유동성이 급속히 사라지고 있습니다.

가사노동의 아웃소싱 이야기가 나온 건 80년대 이후입니다. 가사노동이 여성에게만 강요하는 '무임금 노동(섀도워크)'이라는 사실을 밝히고, 제대로 된 지식과 기능을 요구하는 서비스로

서 시장에서 적정한 가격으로 거래돼야 한다는 주장이 페미니스트 사이에서 나왔습니다. 개중에는 '나는 전업주부로서 가치 있는 가사노동을 하고 있으니 남편에게서 급여처럼 대가를 받는다'는 사람도 있었습니다만, 무임금 노동이었던 가사노동을 시장에서 상품으로 구매하려면 얼마만큼의 대가를 지급해야 할까요? 그런 문제가 가시화한 것은 그들의 성과라고 할 수 있습니다.

하지만 인간이 하는 다양한 일의 의미나 가치를 '시장에서 조달할 때 가격을 얼마로 정해야 할까'라는 문제를 놓고 볼 때 과연 그것이 건전한 방식인지, 솔직히 말하자면 꽤 회의적입니다. 여하튼 '인간의 노동 가치는 시장이 결정한다'는 주장이 그 시점에 제기됐습니다. 이후에 가사뿐 아니라 육아와 간병, 교육까지 되도록 시장에 맡겨야 한다는 게 지배적 의견이 됐습니다. 시장에 맡기면 가장 좋은 서비스를 가장 저렴하게 제공하는 곳만 살아남고, 나머지는 도태돼 결과적으로 모든 국민이 혜택을 누리게 된다는 논리에 설득당한 겁니다. 그렇게 시장원리가 모든 사회적 삶의 영역에 침투한 지 사반세기가 지났습니다.

시장원리가 점령한 사회에서 탈출하려는 것, 저는 그것을 지금 벌어지는 귀농 움직임의 인류사적 의미로 이해하고 있습니다. 우선은 시장경제가 지배하는 사회에서 시장과 분리된 장소를 만드는 일을 생존의 급선무로 생각하는 사람들이 나타난 겁니다.

'탈시장'이라고는 하지만 현대 사회에서 시장과 전혀 상관없이 살아가기는 불가능합니다. 할 수 있는 일이란 시장에 맡기는 행태를 줄여가는 것뿐이죠. 가능하다면 이미 상품화한 인간 활동의 일부라도 시장에서 되찾아 오는 것뿐입니다.

얼마 전 도쿄의 지인이 "어린이집 대기자가 100명이라 어쩔 수 없이 비인가 어린이집에 아이를 맡기려는데 월 30만 엔이 든다."고 했습니다. 아이를 맡기고 일한다 해도 월급이 통째로 사라지는 수준입니다. 확실히 돈만 있다면 육아를 누군가에게 맡길 수 있습니다. 하지만 돈 없는 사람은 그럴 수가 없죠. 아이를 맡기지 못하면 일할 수가 없습니다. 일을 못 하면 돈이 들어오지 않습니다. 이처럼 젊은 부부들이 출구 없는 무한 루프에 갇혀 있습니다.

해법 중 하나는 '공동육아'입니다. 제가 주재하는 가이후칸 문하생들은 공동육아를 실천하고 있습니다. 문하생 한 사람이 출산을 계기로 가이후칸에서 가까운 3층 집을 빌려 2층 거실을 근처에 사는 엄마와 아이들에게 개방했습니다. 엄마 몇 사람이 모여 공동으로 영육아를 돌보고 있죠. 영리 목적이 아니기에 비용은 점심 식대와 광열비 정도입니다. 식사는 부모들이 돌아가며 준비하고, 아이들도 교대로 돌봅니다.

집에서 하는 '밀실육아'에는 많은 스트레스가 따르지만, 공동육아의 장이 있다면 육아 스트레스에서 벗어날 수 있습니다. 이런저런 이벤트도 있습니다. 가이후칸의 젊은 남자 문하생들도 놀러 갔다가 아이를 달래거나 기저귀를 갈아주기도 합니다. 지금 일본에서 미혼 남녀가 육아를 접해볼 기회는 거의 없습니다. 난생처음 안아보는 아기가 바로 자신의 아기인 경우가 대부분이죠. 그렇다 보니 육아는 당연히 힘들고 스트레스가 많은 일로 여기게 됩니다.

가능하다면 많은 사람이 일찍부터 다양한 성격의 아기를 접해봐야 한다고 생각합니다. 매우 중요한 일입니다. 왜냐면 공동육아는 단순히 육아라는 짐을 여럿이 나눠 지는 것만이 아니기 때문입니다. 많은 사람이 육아의 기회를 접함으로써 한층 더 인간적으로 성숙해진다는 교육적 의미가 있습니다. 그런데 그것은 원래 특별한 일이 아니었습니다. 미래 세대를 육성하는 일은 집단이 맡아야 할 사업이지, 부모 개인이 전적으로 도맡을 일이 아닙니다. 그런 상식을 회복해야 합니다.

확대가족과 상호부조

앞으로 일본에서 빈곤화는 불가역적으로 진행되리라고 봅니다. 저소득 세대의 비율을 나타내는 상대적 빈곤율은 2014년에

16.1%였고, 18세 미만 자녀의 빈곤율도 16.3%로 두 수치 모두 역대 최악을 경신했습니다.

특히 젊은 층의 빈곤화가 뚜렷한데 흐름은 멈출 것 같지 않습니다. 정부는 경제성장을 내세우고 있지만, 정부 주도로 시세를 정해 주가조작을 하거나 원자력발전소를 재가동하고, 법인세를 감면해주는 등 대기업과 부유층만을 위한 정책으로 일관하고 있습니다. 빈곤 세대를 방치하면서 GDP 60%를 차지하는 개인 소비를 어떻게 증가시킬 수 있을까요. 지금의 경제체제에는 격차확대와 부의 편중을 해결할 대책이 없습니다. 아니 대책이 없다기보다 그런 추세가 가속하도록 정책이 오히려 부추기고 있습니다.

고령화, 소자화[2], 빈곤화하는 일본 사회에서 어떻게 해야 삶의 질을 유지하고 자존감을 지키며 편안하게 살 수 있을까요. 확실하게 말하자면 이제 정부에는 아무것도 기대할 수 없습니다. 지금 일본의 정·재계를 이끄는 계층은 '승자 그룹'입니다. 그들은 권력과 재화, 문화자본이 자신에게 집중되도록 시스템을 구축하고 있습니다. 실제로 그렇게 해서 수익을 챙기고 있죠.

그런 그들이 격차확대 구조를 바꿀 리 없습니다. 물론 그렇게만 하다가는 일본의 미래가 사라지겠지만, 단기적으로 그들과

2) 인구 감소에 따라 아이의 숫자가 줄어드는 현상.

주변 세력만은 예외적으로 잭팟을 터뜨릴 수 있겠죠. 행정에 기대할 수 없다면 자력으로라도 뭔가를 해야 합니다. 상부상조하는 소규모 공동체를 만들어야 합니다. 그 방법 말고는 없습니다.

경제 변화는 반드시 가족제도의 변화와 함께 일어납니다. 오히려 가족제도의 변화가 경제 상황의 변동 요인이 되고 있습니다. 우리는 경제 여건에 따라 가족제도가 변한다(예를 들어 경기가 좋지 않으면 젊은 사람들은 미래가 불안해서 아이를 낳지 않습니다)고 생각하지만, 그렇지 않습니다. 실제로 대공황 시기나 전후의 배고픈 혼란기에도 출생률은 높았습니다.

역사인구학에 따르면 인구 증감을 결정하는 것은 가족제도의 변화입니다. 그런 변화가 경제나 정치제도에 영향을 미치는 겁니다. 먼저 정치·경제의 틀이 정해지고 이에 따라 가족제도가 변해온 것이 아니라는 겁니다. 가족제도의 변화에 따라 정치·경제 제도가 함께 변화해온 것이 맞는 순서입니다.

따라서 우리는 일본인이 어떤 가족제도를 지향하는지를 먼저 따져봐야 합니다. 사람들이 어떤 가족제도를 원하는지는 무의식 영역이라 쉽게 결정할 수 없겠지만 제대로 파악해야 비로소 개인과 정치·경제의 변화에 적절히 대응할 수 있습니다.

저의 견해로는 지역에 뿌리내린 상호부조 공동체가 대안입니다. '확대가족'이라고 해도 좋습니다. 확대가족은 커트 보니것의 『슬랩스틱』에 나오는 아이디어입니다. 소설 속 화자는 '간단하고 실용적인 고독 퇴치 계획'을 내세워 미국 대통령에 당선됩니다. 그는 모든 국민에게 '새로운 미들네임'을 붙이자고 제안합니다. 미들네임으로 '꽃, 과일, 열매, 채소, 콩, 새, 파충류, 물고기, 연체동물, 보석, 광물, 화학물질' 등의 이름에 1부터 20까지의 숫자를 하이픈으로 연결해 사용할 수 있습니다. 예컨대 '우라늄-3'라는 미들네임을 가진 사람은 '우라늄'이라는 미들네임을 가진 모든 사람과 사촌이 됩니다.

> "이렇게 크고 거친 나라에서 살려면 되도록 많은 일가가 필요하다고, 우리는 방금 의견 일치를 보지 않았습니까? 예를 들어 말입니다. 만약 당신이 와이오밍에 가게 됐는데 그곳에 가족이 많다면 얼마나 든든하겠습니까?"
>
> (커트 보니것 『슬랩스틱』, 아사쿠라 히사시 옮김,
> 하야카와문고, 1983년, 179쪽)

'이제 혼자가 아니야(Lonesome no more)'는 화자가 대통령 선거에서 사용한 슬로건입니다. 확대가족을 구성하는 조건이 '우연'이라도 상관없다는 데서 커트 보니것의 탁월함을 알 수 있습니다. 분명히 우리도 친족을 스스로 선택하지 않았죠. 자라다 보니 사촌의 존재를 알게 된 거죠. 자기 의지와 전혀 상관없습니다. 그렇지만 사촌은 그 나름대로 친밀감도 있고, 곤란한 일이 생기

면 발 벗고 도움을 줘 혈육이라는 걸 느끼게 합니다.

영화감독 존 워터스는 확대가족의 실천자로 알려졌습니다. 그는 볼티모어 사람이지만 그곳에 '드림랜더스'라는 일종의 확대가족을 꾸렸습니다. 그에게 모여든 사람은 대부분 마음에 깊은 상처를 받아 사회에 적응하지 못한 경우가 많았습니다(예를 들어 신문왕 허스트의 손녀 패티 허스트는 과격파에 납치돼 세뇌당한 뒤에 구성원이 돼서 은행 강도에 가담했다가 체포돼 징역 35년 형을 받았습니다. 그 후 사면받고 출소해 '드림랜더스'에 합류했습니다). 존 워터스는 그렇게 트라우마를 안고 사는 사람들을 품에 안았고, 그들과 함께 영화를 만들고 있습니다. 그렇게 컬트영화로 명성을 자랑하는 「핑크 플라밍고」 이후 「크라이 베이비」, 「헤어스프레이」 등 히트작을 내놓았습니다. 평론가들은 감독의 악취미가 반영된 영화라고 비판했지만, 저는 그의 영화를 보고 '존 워터스는 참으로 좋은 사람'이라는 생각이 들면서 가슴이 따뜻해졌습니다.

이처럼 확대가족이라는 아이디어 자체는 그렇게 새로운 개념은 아닙니다. 다만 커트 보니것이 말을 꺼냈고 존 워터스가 실천하고 있듯이 두 사람의 보증만으로도 좋은 것이 틀림없다고 생각합니다.

왜 확대가족이 좋은지는 생각할 필요도 없습니다. 고립된 개인이라면 필요한 재화나 서비스를 임금노동으로 얻은 돈으로 시장에서 살 수밖에 없습니다. 가령 아기를 몇 시간 맡아주는 서비스는 꽤 고가로 형성돼 있어 계속해서 이용하면 경제적 부담이 엄청납니다. 하지만 지역에서 여러 가족이 공동육아를 하고 있다면 누군가에게 급한 일이 생겨도 서로 분담해 돌봐줄 수 있습니다. 아기 옷이나 유아차도 물려받을 수 있습니다. 빈곤화하는 일본 사회는 앞으로 화폐를 매개로 하지 않더라도 경제활동이 가능한 사람과 그렇지 못한 사람의 격차가 벌어질 겁니다.

지역 커뮤니티 형성에는 중심이 되는 장소가 필요합니다. 가능하면 도장이나 사원, 또는 교회 등 세속의 영리와 다른 차원에서 운영되는 장소를 선택하는 것이 이상적입니다. 시장의 수요로 만들어진 곳은 수요가 사라지면 장소도 함께 사라집니다. 하지만 비세속적 장소는 세대를 넘고 시간이 흐르면서 계승되고 통합되므로 사라지지 않습니다. 전통기예나 신앙, 제사, 의례 등을 전수하는 장소가 지역공동체의 중심이 되죠. 수십 년이 지나도 사라지지 않을 확실한 장소 덕분에 지역공동체가 확실하게 형성됩니다.

후계자가 부족한 농업, 어업, 임업도 전해오는 전통 기능이나 문화의 맥이 끊어지면 안 되겠다고 생각한 청년들이 나타난다면 반드시 계승되리라 생각합니다. 시간은 걸리겠지만 그런 과정이 있어야 진짜 지방 재생이 가능할 겁니다.

좋은 사람이 필요하다

필요한 것은 가까운 곳에 사는 사람들과 친분을 쌓는 일입니다. 뭔가 곤란한 일이 생기면 달려갈 수 있고, 반찬을 나누러 갈 수 있고, 급한 용무가 있을 때 아이를 맡길 수 있습니다. 걸어서 5~6분 정도 걸리는 범위에 지역공동체가 있다면 가능한 일입니다. 하지만 지금 일본에서 그런 지역공동체는 자연발생적으로 구성되지 않습니다. 스스로 궁리하면서 의도적으로 만들어야 합니다.

현재 지방으로 향하는 청년들이 늘고 있습니다. I턴의 경우 연고도 없고 관련도 없는 지역에 뛰어들어 지역공동체를 만들고 있습니다. 텃세가 심할까 봐 염려하는 사람도 있지만, 제가 듣기로는 그렇게 어려운 일은 없어 보입니다. 왜 그러냐면 I턴 하는 사람이 향하는 지역은 무작위로 결정되지 않고 융화가 잘 되는 곳이기 때문입니다. 어떻게 보면 주파수가 맞는 사람들이 그런 곳에 모여드는 거겠죠.

얼마 전 I턴 이주자가 많은 야마구치현 스오오시마(周防大島)의 청년 몇 명이 가이후칸을 찾았습니다. 농사를 짓거나 카페를 운영하거나 양봉을 하는 청년들입니다. 이야기를 나누다 보니 제가 아는 몇 사람을 아는 친구들이 있더군요. 그럴 것 같았습니다. 지금 일본에서 삶의 대안으로 탈도시를 지향하는 사람들은 서로 가청 음역 밖의 주파수로 소통하고 있습니다. 수신도가 좋은 안테나를 가진 사람이라면 반드시 주파수를 찾을 수 있을 테니까요. 그렇게 네트워크를 확장하고 있습니다.

귀농과 탈자본주의 움직임은 동시다발적으로 일어나고 있습니다. 누군가가 깃발을 흔들며 나서는 것도 아니고, 이론을 갖춘 리더가 있는 것도 아닙니다. 한 사람 한 사람이 자발적으로 자기 방식대로 걷기 시작했는데, 알고 보니 많은 사람이 같은 곳을 향하고 있었습니다. 이제 그런 운동은 멈추지 않을 듯합니다.

지역 집단을 형성하는 데 중요한 능력이 또 하나 있습니다. 일전에 오카다 도시오[3] 씨와 대담한 적이 있었는데, 그때 앞으로 최우선으로 삼아야 할 사회적 능력은 '좋은 사람'이라는 평가를 받는 거라는 말을 들었습니다. 저 역시 동감합니다. 상호부조·상호지원 네트워크에 들어갈 때 최우선으로 따지는 조건은 주변에서 '좋은 사람'으로 여겨지는지 여부입니다. 능력이나 리더십, 또는 자본이 있는 것보다 좋은 사람이어야 한다는 게 중요합니다. 능력이나 리더십은 '혼자서도 살아갈 능력'을 말하는데, 집단 형성에 필요한 것은 그런 타입의 강함이 아니라 오히려 '동료가 없으면 살아갈 수 없는' 나약함이기 때문입니다. 자신의 약함을 자각하는 사람만이 공생할 수 있습니다. 하지만 스스

---

3) 岡田斗司夫 : 프로듀서이자 평론가로 애니메이션 제작사 '가이낙스'를 설립해 「에반겔리온」, 「왕립우주군, 오네아미스의 날개」 등을 제작한 바 있다.

로 약함을 고백할 수 있으려면 마음의 넓이가 필요합니다. 속이 좁으면 뜻이 맞는 사람과는 무리를 이룰 수 있어도 의견이 다른 사람과는 함께하지 못합니다. 따라서 속이 좁으면 균질한 집단밖에 만들지 못합니다. 하지만 집단이 존속하려면 균질적이어서는 안 됩니다. 균질한 집단은 평상시 단조로운 업무는 효율적으로 해낼 수 있지만, 위기 상황에는 대응하지 못합니다. 왜냐면 모두가 같은 종류의 능력만 갖추고 있기 때문입니다. 위기는 어떤 일이 일어날지 모르는 상황을 말합니다. 위기에서 살아남기를 우선해 제도를 마련한 집단이라면 반드시 다양한 재능과 적성이 공존할 수 있습니다.

중국 전국시대에 맹상군이란 사람이 있었습니다. '식객수천(食客数千)'으로 알려질 정도로 그의 집에는 이런저런 사람이 기식하고 있었습니다. 그는 두 번의 절대 위기 상황을 맞게 되는데, 그때 그를 구한 것은 차고 넘치는 식객 중 '도둑질 달인'과 '닭 울음소리 흉내를 잘 내는 사람'이었습니다. '계명구도(鷄鳴狗盜)'[4]라는 고사성어의 근간이 되는 일화죠. 어떤 재능이 어떤 국면에서 능력을 발휘하게 될지 아무도 예측할 수 없습니다. 그래서 위기에서 살아남는 것을 목표로 설계된 집단은 '단독으로는

---

4) 도주 중이던 맹상군은 사기꾼 출신 식객이 위조한 통관 증서 덕분에 한밤중에 목적지에 도착했지만, 새벽에 첫닭이 울기 전에는 관문이 열리지 않았다. 그때 그의 식객이었던 사람이 나서서 닭 울음소리를 흉내 내자 수문장이 문을 열어줘서 맹상군은 살아남았다는 일화.

어떤 도움이 될 수 있을지 전혀 알 수 없는 사람'을 다수 떠맡고 있습니다. 그것이 앞서 말한 사자성어가 주는 교훈이 아닐까 싶습니다.

집단은 성원의 자질과 능력이 다양할수록 위기 상황에 강해집니다. 그런데 그런 집단의 구성원은 각자가 너무나 특이한 능력을 소유했기에 혼자서는 살아갈 수 없습니다. **혼자서는 살아갈 수 없는 사람으로 이뤄진 집단은 최강입니다.** 이는 논리적으로도 당연한 일입니다. 혼자서도 살아갈 수 있는 사람은 거치적거리는 동료를 내쳐도 자신은 손해 볼 일이 없습니다. 마음이 조금 아플지 모르지만, 동료에게 관심을 끊어도 자신은 곤란하지 않죠. 하지만 혼자서 살 수 없는 사람은 그러지 않습니다. 무슨 일이 있더라도 동료를 지키려고 합니다. 동료가 떠났을 때 그를 '누군가가 대체하기 어렵다'고 생각하는 집단이라면 한 사람이라도 외면하지 않습니다. 따라서 강인한 집단을 만들려면 강자연합을 이루기보다 '혼자서는 살아갈 수 없다'고 믿는 약자를 모으는 편이 낫습니다. 인류학적 경험치도 그와 같습니다. 이와 비슷한 이야기는 셀 수 없이 많습니다.

실베스터 스탤론과 제이슨 스타뎀이 나오는 「익스펜더블」 시리즈는 일기당천 살인 머신 팀이 불가능한 임무를 완수하는 뻔한 이야기입니다. 그런데 그들은 일이 없을 때 술집에 모여 맥주를 마시면서 저마다 '함께 하지 않으면 아무것도 하지 못하는 사람'이라고 고백합니다. 정말로 그런지는 모르겠지만, 적어도 그들은 자신의 전투력이 유지되는 이유가 '동료가 없으면 살아갈 수 없다'고 정기적으로 고백하는 데 있다고 믿고 있을 겁니다. 틀림없이 그러리라 생각합니다.

교육정책 실패를 인정하지 않는 문부성

다시 격차 이야기로 돌아가자면, 글로벌 자본주의 사회에서는 교육에서도 격차가 발생합니다. 학교 교육을 '교육상품 구매'로 가정한다면 당연한 말이겠지만, 돈 있는 사람은 질 높은 교육을 받고, 그렇지 않은 사람은 교육 기회에서 멀어집니다. 경제적 격차가 교육자원의 분배 격차로 그대로 이어집니다.

그런데 본래 학교 교육은 시장에서 상품이나 서비스를 구매하는 것과 성질이 전혀 다릅니다. 교육은 **공동체의 미래를 짊어질 차세대 젊은이가 성숙한 시민이 되도록 지원하는** 공동 활동입니다. 그들이 성숙해야 사회가 존속할 수 있습니다. 따라서 학교 교육의 진정한 수혜자는 교육받는 자가 아니라 집단 전체입니다. 믿을 만한 다음 세대를 길러내지 못하면 공동체는 소멸합니다. 따라서 공동체는 젊은 세대가 교육받을 수 있게 온 힘을 다해 지원해야 합니다.

그렇지만 지금 일본에서 그렇게 생각하는 사람은 소수에 불과합니다. 대부분 학력을 부동산이나 자동차, 옷과 시계처럼 '몸을 치장하는 상품'으로 여깁니다. 학력을 돈으로 살 수 있다고 생각하죠. 그러다 보니 가난하면 교육을 포기하는 수밖에 없습니다. 더구나 그런 빈곤층은 세금을 축내는 무임승차자라고 비난하면서 세금으로 그들에게 교육 기회를 제공하는 건 부당하다고 말하는 사람이 나날이 늘고 있습니다. 그러나 그런 사고방식은 교육을 무너뜨리고 맙니다. 실제로 이미 그렇게 되고 있습니다.

　초부유층이나 사회지도층은 일찍이 일본의 교육에 기대를 버렸습니다. 사회지도층 자녀들은 해외에서 교육받고 있습니다 (얼마 전에 심지어 문부성 장관까지 자기 아이를 영국으로 유학 보냈다는 뉴스 보도가 있었습니다). 부유한 집안 아이는 스위스 기숙학교나 뉴잉글랜드에서 유학합니다. 그곳에서 하버드나 옥스퍼드대학 진학을 목표로 공부하죠. 도쿄대 따위는 세계 기준으로 볼 때 이류, 삼류학교니까요.

　언론에서는 보도하지 않지만, 현재 일본 학교 교육에서 일어나는 가장 심각한 격차는 명문 학교와 일반 학교 사이의 눈에 보이는 격차가 아니라 해외로 나갈 수 있는 아이와 나갈 수 없는 아이 사이에서 벌어지는 격차입니다. 해외로 나갈 수 없는 아이는 이미 출발선에서 뒤로 밀려 이등 시민으로 분류됩니다.

해외에 네트워크가 있거나 생활 거점이 있어 높은 기동성을 갖춘 글로벌 자본주의 상류층은 솔직히 말해서 일본에 세계적 수준의 교육과 연구를 담당하는 대학이 존재할 필요가 없다고 생각합니다. 오히려 국내에서 졸업한 학생이 있어 고마워하죠. 왜냐면 해외에서 학위를 받은 자신의 자녀가 국내 졸업생보다 상위 등급 대우를 받기 때문입니다(그만큼 교육에 투자한 보람도 있고요). 일본의 대학은 상사에게 고분고분하고, 열악한 고용 환경도 군말 없이 수용하면서 일 잘하는 예스맨을 대량 생산해주면 그걸로 족한 겁니다. 명령하고 지휘하는 일은 해외 유수의 교육기관에서 스펙을 만든 글로벌 엘리트가 맡을 테니까요. 그리고 지금 일본 학교 교육은 그들 계획대로 진행되고 있습니다.

국가는 90년대부터 대학의 '주식회사화'를 밀어붙였습니다. 지난 사반세기에 걸쳐 제도를 하나하나를 바꾸도록 강요했습니다. 그 탓에 교사들은 끝없이 이어지는 회의와 방대한 서류 작업으로 지쳐갔습니다. 학부 개편안이라든가 문부성 대학기준협회에 제출할 서류 작업으로 한창 연구에 몰두해야 할 젊고 능력 있는 교원들이 휘둘리고 있습니다. 당연한 말이지만, 결과적으로 일본 대학의 젊은 교수들은 학술적 업적을 남길 수 있는, 가장 값진 시기 10년을 회의와 서류 작성으로 허비하고 있습니다. 무익한 작업 때문에 얼마나 많은 학술적 성과가 사라졌을까요. 생각할수록 절망스럽습니다. 그런 회의와 서류 작업으로 낭비한 시간과 노력을 연구와 교육에 썼다면 현재 일본의 지식 환경은 완전히 달라졌을 겁니다.

그런데도 그것으로 부족한지 문부성은 학교교육법을 개정해 교수회의 인사권과 예산권을 빼앗아 학장, 즉 CEO에게 권한을 집중해 대학의 '주식회사화'에 더욱 박차를 가했습니다. 그리고 일본의 대학은 주식회사화에 따라 학술적 성과 차원에서 OECD 국가 중 최하위로 전락했습니다. 너무나 당연한 결과지만, 망연자실할 수밖에 없습니다.

학술적 성과를 가늠할 때 가장 기초적인 지표는 인구당 논문 수입니다. 앞서 말했듯이 일본은 세계 35위로 선진국 중 최하위입니다(대만은 일본의 1.9배, 한국은 1.7배). GDP로 따져도 마찬가지입니다. 고등교육기관에 지원하는 공적연구자금 규모도 선진국 최저 수준입니다.

일본의 학술 발표 수준이 극적으로 저하한 시기는 2002년부터입니다. 같은 시기에 다른 선진국은 모두 발표된 논문 수가 증가했습니다. 일본만이 예외입니다. 학술적 악화는 선진국 중에서 일본에서만 일어나는 특이한 병적 현상입니다. 도대체 일본 교육에 무슨 일이 일어난 것인지 해외 학자들도 주목하고 있습니다. 2016년 10월에는 미국의 『포린어페어스』가, 2017년 3월에는 영국의 과학지 『네이처』가 「왜 일본의 고등교육은 실패했는가?」라는 제목으로 특집을 내보냈습니다. 일본의 학교 교육

파탄은 해외 매체가 특집 기사를 게재할 정도로 예외적이고 비정상적인 증상입니다. 그런데도 일본만은 증세의 심각성을 깨닫지 못하고 있습니다.

왜 학교 교육이 이 지경에 이르렀을까요. 하지만 이런 상황에서도 문부성은 교육행정의 책임을 절대로 인정하지 않습니다. 관료는 그런 존재입니다. 실패를 절대로 인정하지 않죠. "문부성 방침은 모두 언제나 옳았다. 그런데도 이처럼 참담한 결과가 나온 것은 현장에서 문부성의 명령에 따르지 않았기 때문이다." 라고 말합니다. '피리는 불었지만 춤을 추지는 않았다'는 겁니다(무능해서 그러는지 반항하는 것인지는 모르겠지만). 피리는 바른 선율로 불었으나 무용수가 선율에 맞춰 춤추지 않은 탓에 올바른 교육정책이 모두 수포로 돌아갔다고, 문부성은 해명했습니다. 정말로 그랬다면 문부성에는 아무런 책임이 없습니다.

그런데 현장에서 윗선의 말을 듣지 않아 교육이 괴멸했다는 주장은 교육개혁을 이루기 위해 '현장이 윗선의 말을 따르도록 제도를 개혁하겠다'는 논리로 이어집니다. 다시 말해 교육성과가 나오지 않을수록 문부성은 한층 더 교사를 협박하거나 처벌해 위축시켰다는 겁니다.

연구 지원금을 줄이거나 단기 임용제를 도입하는 방식으로 언제나 고용 불안에 휩싸이게 만들죠. 상세한 연구계획서를 의무적으로 제출하게 함으로써 자유로운 연구를 어렵게 합니다.

이처럼 교사의 생명력을 쇠약하게 하는 정책들을 차례로 이어오고 있습니다. 그렇다면 교사는 문부성의 피리 연주에 맞춰 춤추는 것 말고는 살아남을 길이 없다는 이야기가 되겠죠. 당연하겠지만 문부성이 교사를 향해 갑질을 해오면서 결과적으로 일본 대학의 생산력은 저하됐습니다.

문부성이 작정하고 일본 학술논문의 80%를 생산하는 대학을 '자유로운 연구가 이뤄질 수 없는 환경'으로 개편했으니 혁신이 일어날 리 없죠. 이처럼 간단한 인과관계조차 깨닫지 못하려면 얼마나 우둔해야 할까요. 하지만 문부성 관료가 그 정도로 우둔하다고는 생각하지 않습니다. 그들 역시 자신이 치명적인 실수를 저질렀다는 사실을 꽤 오래전부터 알고 있었을 겁니다. 그러나 관료는 태생적으로 입이 찢어져도 "실패해서 미안합니다."라고 말하지 않습니다. 다시 말해 그런 정책을 펼칠수록 일본 연구 교육 환경이 악화한다는 사실을 알면서도 방침을 그대로 유지합니다. 괴멸적 사태에 이르러도 나 몰라라 할 겁니다. 그토록 일본 관료는 무력감에 빠져 있습니다. 저는 그렇다고 봅니다.

지역공동체의 중심, 사숙(私塾)

문부성에는 아무것도 기대하지 않습니다. 직접 말로 하지는 않아도 현장에서 일하는 많은 교원의 속마음도 마찬가지일 겁니다. '이래라저래라' 하면서 무의미한 업무를 가중해서 교원을 과로사로 몰아가는 일만은 더는 없기를 바랍니다. 하지만 이것도 기대할 수 없을 거예요. 상황이 이러니 전국 각지에서 '사숙' 형태의 '대안적 학교'가 만들어지는 건 당연한 일입니다.

저도 '무도와 철학 연구를 위한 학습장'을 표방하고 2011년 고베에 도장 '가이후칸'을 열어 공부뿐 아니라 다양한 문화 활동을 병행하고 있습니다. 제 지인들도 마찬가지입니다. 샤쿠 뎃슈(釈徹宗)는 '렌신안(練心庵)', 히라카와 가쓰미(平川克美)는 '도나리마치 대학원'을 열었습니다. 그뿐 아니라 와시다 기요카즈(鷲田清一), 나코시 야스후미(名越康文), 모기 겐이치로(茂木健一郎) 같은 제 주변 '어른'들도 사숙을 운영합니다. 당연한 흐름이라고 생각합니다. 공동체 유지에 꼭 필요한 학교가 젊은이의 심신 성숙을 위한 기관으로서 전혀 기능하지 못하면 누군가가 그 일을 해야 합니다. 그렇게 생각하는 사람이 지금 전국에서 동시다발적으로 사숙운동을 벌이고 있습니다.

주제넘은 말로 들리겠지만, 제가 모델로 삼는 건 막부 말기의 사숙입니다. 난학자 오가타 고안(緒方洪庵)의 데키주쿠(適塾)나 오사카 상인들이 만든 가이토구도(懷德堂), 요시다 쇼인(吉田松陰)의 쇼카손주쿠(松下村塾), 후쿠자와 유키치(福澤諭吉)의 게이오기주쿠(慶塵義塾) 등은 모두 개인이 자력으로 세운 교육기관입니다.

이런 사숙이 일본 교육 역사상 가장 성공한 교육기관이었다는 사실에는 이론의 여지가 없을 겁니다. 국가나 자치체의 지원 없이도, 그리고 법적 요건을 따르지 않아도 교육할 수 있다는 사실을, 그들은 일찍이 보여줬습니다.

에도시대에도 지금의 국립대학에 해당하는 한코(藩校)가 있었습니다. 하지만 유감스럽게도 난세를 평정할 인재를 배출하지는 못했습니다. 그저 기존의 출세 가도를 따르는 수재 정도만을 양성했죠. 사숙이 생겨난 이유가 여기에 있습니다. 오늘날 다시 사숙이 등장했다는 사실은 지금의 시대가 난세로 들어섰다는 방증이라고 할 수 있습니다.

아마 사숙은 지역에서 더욱 늘어나지 않을까 생각합니다. 왜냐면 이대로 교육개혁이 진행된다면 우선 지방대학이 통폐합을 거치면서 사라질 우려가 있기 때문이죠. 결국, 대학이 하나도 없는 '무대학 현'이 생길 수도 있습니다. 그렇게 되면 지역은 문화적으로나 경제적으로 큰 타격을 받습니다. 지역의 고등교육기관에는 단순히 지역경제를 살리는 효과만이 있는 게 아닙니다. 말하자면 일종의 '공기'를 만듭니다. 권위와 세속에 흔들리지 않는 자존감과 왕성한 호기심을 바탕으로 지적인 소통이 이뤄지는 장소가 있는 곳과 그렇지 않은 곳의 차이는 확연합니다. 살아보면 확실히 알 수 있습니다.

따라서 '무대학 현'이 될 조짐이 있다면, 반드시 지역 사람 누군가가 대학을 대신할 교육기관을 직접 세우려는 움직임이 일어나리라 확신합니다. 사재를 털어 사숙을 여는 사람이 분명히 있을 겁니다. 교육이란 본래 그런 것이니까요.

사숙이 됐든 도장이 됐든, 형태는 달라도 교육공동체가 앞으로 지역공동체의 중심이 되리라고 생각합니다. 지적이면서 창조적인 '기운'이 흐르는 장소라면 군이 홍보하지 않더라도 의욕 넘치는 청년들이 알아서 모여듭니다. 학생 모집 홍보 따위를 하지 않아도 쇼카손주쿠에는 다카스기 신사쿠(高杉晋作), 이토 히로부미(伊藤博文), 야마가타 아리토모(山懸有朋) 같은 인재들이 문전성시를 이뤘습니다. 촉이 좋은 청년들은 직감적으로 알아차립니다.

가이후칸에도 전국 각지에서 청년이 모여듭니다. 그들은 무도 수련이나 세미나 참석에 그치지 않고 동문끼리 네트워크를 형성하거나 지역활동을 비롯한 새로운 사업을 벌입니다. 가이후칸은 그들의 허브일 뿐입니다. 또한, 이곳에서는 온갖 서비스와 가재도구, 정보, 기술 등의 교환도 이뤄집니다. 하지만 시장에서 화폐를 사용해 상품을 구매하는 방식과는 차원이 전혀 다릅니다. 각자가 가진 나만의 자원을 활용합니다. 누군가가 대신할 수 없는 한 사람 한 사람이 갖춘 재능이나 정보력이 바로 그겁니다. 세탁기를 물려받은 대가로 컴퓨터 프로그램을 깔아주거나 쌀을 받은 보답으로 아이를 돌봐주는 식입니다. 시장에서 해당 서비스를 받으려면 만만치 않은 비용이 들겠지만, 지역공동체에서는 이렇게 각자의 특기를 서로 교환하므로 돈이 들지 않습니다. 저는 이런 방식이 21세기 경제활동의 새로운 형태가 되리라고 봅니다.

그러나 교환은 활발한 경제활동의 하나이긴 하지만, 화폐가 이동하지 않으므로 GDP 증가에 아무런 역할을 하지 못합니다. 재무성이나 경제산업성의 경제지표에 반영되지 않으니까요. 소비가 일어나지 않으므로 소비세를 징수할 수도 없습니다. 정부의 관점에서는 지하경제나 다름없습니다. 따라서 정부는 교환 규모가 늘어나는 상황을 전혀 달가워하지 않습니다.

당연한 반응이겠지만, 시장도 공동체를 싫어합니다. 시장에서 재화나 서비스를 사지 않고 가난한 사람끼리 상호부조 네트워크를 만든다면 시장으로서는 '밑지는 장사'가 될 테니까요. 다시 말해 자본주의경제는 상호지원·상호부조 조직의 출현을 바라지 않습니다. 필요한 물품을 누군가에게 받거나 빌리는 '연대한 가난한 사람'보다 그러지 못해 한 푼의 임금이라도 받으려고 귀중한 시간과 몸을 팔아야 하는 '나 홀로 빈자' 쪽이 GDP 증대에는 훨씬 유리하다고 생각하죠. 그런 연유로 이 사회는 약자를 정책적으로 분리합니다.

"만국의 노동자여 단결하라!" 마르크스의 유명한 말입니다. 저는 마르크스 정치사상의 과격함이 '자본가를 타도하라'고 선동하기보다 빈자들의 연대를 촉구했다는 데 있다고 생각합니다.

제10장

—

탈지방창생
비용절감이 목적인 지방창생

콤팩트시티의 진짜 목적은 한계집락 제거

지금 일본에는 한계집락과 준한계집락이 광범위하게 펼쳐져 있습니다. 공개적으로 말하지는 않지만, 지방정책의 기본방침은 그런 지역을 빨리 '소멸시키는 것'이라고, 저는 보고 있습니다. 한계집락을 유지하려면 행정 비용이 들기 때문이죠. 도로나 철도를 건설하고, 전기와 통신 서비스를 보급하고, 의료기관과 학교, 관공서를 세우면 유지·관리 비용이 발생하는데 지방세수로는 해결하기 어렵습니다. 따라서 시장원리를 적용해 '주민이 적은 지역에서는 행정 서비스를 하지 않는다'고 결론을 내릴 게 분명합니다.

실제로 제가 사는 효고현에서 JR은 적자 노선을 계속해서 없애고 있습니다. 물론, 철로 주변 지역에는 아직 사람이 살고 있죠. 그래도 열차 운행은 채산성이 없으니 앞으로는 자동차를 이용해달라고 주민을 설득하고 있습니다. 그렇지만 언젠가는 도로도 손상될 겁니다. 터널 벽이 떨어져 나가거나 산사태로 도로가 유실돼 끊어지는 일이 반드시 일어납니다. 그러면 국토교통성은 철도 폐선을 정당화했을 때와 같은 논리로 "소수 주민 편의를 위해 세금을 투입해 공사를 벌이는 게 합리적이냐."라고 말할 겁니다.

"앞으로도 거기서 살겠다면 스스로 책임지며 살아라. 자력으로 도로를 깔고, 터널을 보수하라."라는 의견에 해당 지역 주민을 제외한 많은 사람이 찬성할 겁니다. 그렇게 해서 인구가 줄어들면 '주거불능' 지역이 됩니다. 그런 지역에서 학교는 물론 의료시설도 사라집니다. 경찰서도 소방서도 없는 '문명권 밖'의 땅이 됩니다. 그런 지역에서는 불이 나도 끌 수 없고 범죄가 발생해도 경찰의 도움을 받을 수 없어 더는 사람이 살 수 없습니다.

과소지역(過疎地域)부터 '주거불능화'가 차례로 이어질 테죠. 그러면 인구를 지방도시에 모두 모읍니다. 그것이 '콤팩트시티' 구상으로 알려진 '지방창생(地方創生)' 정책의 실체입니다. 급격한 인구감소 와중에 경제성장 같은 무리수가 통하려면 도시지역에 모든 인구를 몰아넣고, 도시지역 외부에는 사람이 살지 않게 하는 '싱가포르화' 전략 말고는 다른 방도가 없으니까요.

그런데 그런 곳에 이주하는 청년들이 나타난 겁니다. 한계집락에 들어가 지역재생을 하려고 합니다. 마을 사람들이 "더는 농사를 지을 수 없어."라고 하는데도 "우리가 하겠다."라면서 농사를 짓기 시작합니다. 현지에서 보자면 고마운 일이고 기초자치체도 좋아할 만한 일이지만, 광역 행정 단위에서 보자면 그렇게까지 고마운 일은 아닙니다. 그렇게 되면 과소지역을 제거하는 작업에 제동이 걸리기 때문이죠.

정부의 구상은 쉽게 말해 지방의 '등급'에 바탕을 둔 자원의 차등배분입니다. 필사적으로 경비를 절감해 생산성을 높이고자 노력을 기울이는 지자체에 높은 등급을 부여합니다. '산촌문화' 따위의 따분한 말을 지껄이거나 지산지소, 자급자족 같은 경제성장에 역행하는 자세를 보이는 지자체에는 낮은 등급을 매겨 보조금을 줄이죠.

'지방창생'이란 지방을 한곳으로 집중하는 일입니다. 일본 전역에서 벌어지는 '수도권 집중'을 도도부현 차원에서 소규모로 재연하는 것과 같습니다. 그런 까닭으로 우선은 지방도시로 인구를 모아 인프라와 자본을 한곳으로 집중해 지원하면서 산간지역 주민을 지방도시 역 주변의 아파트에 모여 살게 합니다. 그곳에는 의료기관도 있고 고령자를 위한 돌봄 서비스가 가능하니까요. 하지만 그런 정책은 '지방창생'이라는 이름으로 산촌을 포기해서 행정 비용을 절감하겠다는 것이나 다름없습니다. 그렇게 하면 확실히 인구가 지방도시로 집중되면서 소비활동이 활발해질지 모르겠지만, 그것 말고는 할 수 있는 일이 없습니다. 과소지역이라는 이유로 생산 현장에서 분리된 사람들이 이제는 서비스업에 종사하거나 연금 또는 예금으로 버틸 수밖에 없습니다. 더구나 언젠가는 지방도시도 인구감소라는 흐름에 휩쓸리게 되겠죠. 그러면 정부는 당연히 그곳을 '소자화·고령화에 따라 도시기능 유지비용을 부담할 수 없는' 한계도시로 명명하고 일찍이 한계집락을 포기한 것과 같은 논리로 지방도시를 폐기할 겁니다.

효율화의 종착지는 고용제로

'지방창생' 정책에서 이목을 끄는 내용 중 하나는 '강한 농업'을 표방했다는 점입니다. 그러나 앞에서 살펴봤듯이 그것은 완전한 환상일 뿐입니다. 미국의 기업화한 농업을 모델로 삼았지만, 미국식 농업은 모델이 될 수 없습니다. 농업의 형성 과정이 일본과 전혀 다릅니다. 역사적 맥락이 다른 모델로 농사를 지으라는 건 무리한 요구입니다.

미국의 농업은 식민지 시절 플랜테이션으로 시작했습니다. 면화나 담배 같은 상품작물을 단일 재배했습니다. 그곳에 사는 사람들의 식량으로 쓰이지 않고 식민지 종주국 소비자의 기호작물 재배에서 비롯한 것이죠. 그런데 플랜테이션이 경제적으로 성공한 대표적인 이유는 노예제도에 있습니다. 노예는 인건비가 거의 제로에 가까운 노동자입니다. 노예상에게서 사들인 뒤로는 임금을 지급할 필요가 없죠. 인건비가 없다시피 한 노동력을 대량으로 얻을 수 있었던 데에 미국의 대규모 농업이 성립할 수 있었던 가장 큰 이유가 있었던 겁니다.

남북전쟁 후 1865년에 노예제가 폐지되고, 이듬해인 1866년에 텍사스주에서 최초의 상업용 유전이 개발됩니다. 그리고 1901년에는 스핀들탑에서 하루 10만 배럴의 석유가 솟아나는 대유전을 찾아내죠. 인건비가 한없이 낮았던 노예 노동력 공급이 끊긴 직후에 거의 공짜나 다름없는 에너지원을 찾아낸 겁니다.

산업 발달에 가장 중요한 요소는 에너지 공급입니다. 미국은 그런 점에서 선택받은 나라입니다. 미국 산업은 노예제로 도약할 수 있었고, 석유 발굴로 완성됐습니다.

농업도 마찬가지입니다. 일본과 전제 조건이 달라도 너무 다릅니다. 그런데 미국을 모델로 농업정책을 설계한다니 제대로 될 리가 없습니다.

기업이 농업에 발을 들이면 규모 확대를 고려해 세분화했던 경작지를 통합하고, 기계화한 뒤에 상품작물을 단일 재배하는 미국 모델을 따를 겁니다. 그런데 그렇게 한다고 지역에 활성화 전망이 나타나는 건 아닙니다. 소규모 자영농은 토지를 잃고 기업의 종업원이 됩니다. 농업 기술은 보유하지만, 농지라는 자본은 사라져버리죠. 외형적으로는 자영업자에서 직장인으로 바뀔지 모르지만, 실상은 자영농에서 농노로 전락할 뿐입니다. 더구나 기계화에 따라 고용이 감소합니다. '효율화'라는 명목으로 어떻게든 인건비를 줄여 생산하려고 하므로 한 사람도 고용하지 않고 기계만으로 생산하는 구조를 최상으로 간주합니다. 그렇게 되기를 일본 농업인은 진심으로 바랄까요?

농업정책의 기본은 기아 방지

미국 농업의 방식은 단일 재배입니다. 공산품 제조와 발상이 같습니다. 그런데 농작물을 자동차나 컴퓨터처럼 취급하는 태도는 매우 위험합니다. 농작물도 상품으로 여길 수는 있지만, 식량은 본질적으로 상품이 아닙니다.

농작물은 공급이 안정적일 때 (다른 공산품과 마찬가지로) 상품으로 다룰 수 있습니다. 하지만 흉년이 들거나 전염병 또는 전쟁으로 해상운송이 끊기거나 하면 공급량이 바로 줄어듭니다. 그럴 때 농작물은 단순한 상품이 아닙니다. '없으면 굶어 죽는 것'으로 성질이 바뀝니다. 사람들은 시장의 규칙을 무시하고 서로 약탈하기 시작하겠죠. 자동차 수입이 중단되고 컴퓨터 품귀 현상이 오랫동안 계속된다고 해도 사람이 죽는 일은 벌어지지 않습니다. 벤츠의 공급량이 적다는 이유로 서로 벤츠 차를 차지하려고 목숨을 거는 일 따위는 절대로 일어나지 않습니다. 이와 달리 식료품은 공급이 끊어지면 쟁탈전이 벌어지고 패자는 죽습니다.

따라서 농업은 '기아 대책'을 기반으로 제도를 설계해야 합니다. 어떻게 해야 굶지 않을까를 생각하는 게 농정 기본의 기본입니다. 그 밖에는 모두 부차적인 사항에 불과합니다.

어떻게 해야 기아에서 벗어날 수 있을까. 대부분 인류 문명은 바로 그런 목표에 천착해온 과정에서 형성됐다고 해도 지나친 말이 아닙니다. 원래 식문화는 '굶주림에서 벗어날 궁리' 말고는 아무것도 아닙니다.

인류의 식문화는 두 가지 고민에서 비롯했습니다. 하나는 식용 불가 소재의 식용화입니다. '먹을 수 없는 것'을 '먹을 수 있는 것'으로 만드는 일. 이를 위해 선조들은 얼마나 큰 노력을 기울였을까요. 끓이고 굽고 찌고, 물에 씻거나 햇볕에 말리고, 쪼개거나 가루로 만드는 등 모든 수단을 동원해서 '먹을 수 없는 것'을 '먹을 수 있는 것'으로 만들어왔습니다.

또 하나는 다른 집단과 주식이 '겹치지 않게끔' 하는 일이었습니다. 자신은 주식으로 감자를 먹지만 이웃 부족은 바나나를 먹는 것처럼 말입니다. 그렇게 식습관의 '차이'가 있다면 서로 음식을 빼앗는 일은 일어나지 않습니다. 또한, 감자가 병충해를 입더라도 근방에 바나나가 열렸다면 굶어 죽지 않겠죠. 그런 연유로 인류는 성실하게 주식이 겹치지 않게 해왔습니다. 어떤 집단은 쌀을 먹고, 또 어떤 집단은 보리나 감자를 먹고, 또 다른 집단은 콩이나 옥수수 혹은 바나나를 주식으로 삼는 식이죠.

그뿐이 아닙니다. 어느 집단이나 주식을 맛있게 먹으려고 조미료를 더하는데, 대체로 발효식품이 그렇습니다. 어릴 때부터 조미료에 익숙해진 사람에게는 최고의 맛일 테지만, 그렇지 않은 사람에게는 부패한 음식에 지나지 않을 겁니다. 이 또한 식문화가 이룬 훌륭한 업적 중 하나입니다. 이웃 종족의 관점에서 보면 부패한 음식을 먹는 것 같을 텐데, 이처럼 외부인이 자기 음식을 보는 것만으로도 구토를 유발하는 음식을 주식으로 삼으면 매우 효과적으로 기아에서 벗어날 수 있었습니다.

국내산 농산물의 중요성

식문화에는 굶주림에서 벗어나려던 인류의 고민이 집적돼 있습니다. 농업의 목적도 모든 연구도 기아 방지가 가장 큰 주제입니다. 그런데도 TPP[1] 농업정책에서는 '어떻게 해야 기아에서 벗어날 수 있을까' 같은 문제의식은 조금도 찾아볼 수 없습니다. 농작물을 자동차나 컴퓨터, 의류 제품처럼 여깁니다. 제조비용이 가장 낮은 곳에서 생산해 시장가격이 가장 높은 곳에 판매하겠다는 생각뿐이죠.

그렇게 생산원가를 낮추려고 광활한 토지와 노동자 임금이 저렴한 곳을 찾습니다. 환경법규가 미비한 후진국을 골라 농약을 마구 살포하죠. 환경오염이나 토양파괴가 일어나도 개의치 않습니다. 그리고 단일작물을 상품으로 재배해 큰 이득을 얻습

---

1) Trans-Pacific Strategic Economic Partnership의 줄임말로 '환태평양 경제동반자 협정'을 말한다.

니다. 그런 까닭으로 "일본처럼 경작지가 협소하고 인건비가 높고, 환경규제가 까다로운 나라에서 농업을 하는 것은 경제적 합리성이 없다. 그러니 일본은 더 잘하는 분야에서 돈을 벌어 그 돈으로 중국이나 베트남에서 생산한 저렴한 농작물을 들여오면 된다."라고 말하는 겁니다.

그렇다면 잘하는 분야에서 돈을 벌어 값싼 농산물을 사들여 오다가 어떤 이유로 농산물 수입이 중단되기라도 하면 어떻게 식량 문제를 해결할 수 있을까요? 과연 일본 농정은 어떻게 리스크를 분산할 수 있을까요? 저는 TPP 논의에서 '기아 리스크 방지를 위해 국내 농업 유지가 필요하다'는 말을 들어본 적이 없습니다. 아무도 그런 일에 신경 쓰지 않습니다.

멕시코와 미국, 캐나다는 NAFTA(북미자유무역협정)을 체결했습니다. 이에 따라 세 나라의 농작물 수입 관세가 단계적으로 폐지됐죠. 멕시코에 미국산 옥수수가 쏟아져 들어왔습니다. 멕시코 국민은 멕시코산보다 값이 싼 미국산 옥수수를 구매했습니다. 결과적으로 멕시코 옥수수 농가는 괴멸 수준의 타격을 입었습니다. 멕시코 사람은 자신의 주식인 옥수수를 자급할 수 없게 된 겁니다. 그런데 그 후 옥수수가 바이오매스[2] 발전 연료가 된다는 사실이 알려지면서 옥수수 시장가격이 급등하고 말았습

---

2) biomass : 화학적 에너지로 사용 가능한 생물유기체.

니다. 이에 멕시코에서는 미국산 옥수수를 살 수 없게 됐습니다. 주식을 먹을 수 없게 된 겁니다.

농작물을 상품으로 간주하면 그런 일이 일어납니다. 시장가격에는 매우 불안정한 구석이 있습니다. 외부적 요인으로 특정 농작물의 수요 증감에 따라 시장가격이 출렁입니다. 이처럼 단일재배는 리스크가 큽니다. 그래서 단일 농작물에 외화벌이를 의존하지 않는 게 좋습니다.

시장가격 변동과 상관없이 자국민의 기아 방지가 가능한 정도의 농작물은 어떤 수단을 써서라도 국내에서 생산해야 합니다. 사실 EU나 미국은 자국의 농업에 거액의 보조금을 쏟아 넣고 있는데, 기본적 이유는 '기아 방지'입니다.

무엇을 위해 농업이 존재하는지 근본적인 사정을 고려하지 않고 시장경제를 따르는 식으로 농정을 펼치면 언젠가 우리는 실정의 대가를 다른 형태로 치르게 될 겁니다.

제11장

—

탈국가

희미해지는 국가의 존재 의의

국민국가를 액상화[1]하는 글로벌경제

2015년은 안전보장 관련 법안이 중의원에서 강행 처리된 해로 기억되고 있습니다. 여러분도 입헌민주주의가 무엇인지, 민주국가는 무엇인지 다시금 근본적으로 고찰하지 않을 수 없었으리라 생각합니다.

미래의 지역공동체를 예상하려면 아무래도 행정단위로서 시정촌(市町村)[2]과 그 상위에 있는 도도부현, 나아가 국가와의 관계를 전망할 필요가 있습니다.

오늘날 세계의 기본적인 정치 단위인 '국민국가'는 국경선으로 경계를 나눈 국토와 관료조직, 그리고 상비군을 갖춘 통치 체제입니다. 그곳에는 언어와 종교, 식문화, 의례, 생활관습 등을 공유하는 국민이 살고 있습니다. 그런 집단이 국제정치의 기본 단위가 된 것은 17세기 중반, 30년 전쟁이 끝나고 체결된 베스트팔렌조약(1648) 이후의 일입니다. 이 조약으로 '글로벌 제국'이었던 신성로마제국이 해체되고 유럽에서 여러 국가가 탄생했습니다.

국민국가가 성립하기 전 세계에서는 오랜 기간 '제국'이 통

---

1) 액상화(液狀化)란 본래 지진 등의 진동으로 지반에 물이 침투해 액체 상태로 변하는 것을 의미하나 이 책에서는 비유적으로 어떤 조직의 활동 근거가 되는 조직의 지지력이 쇠퇴하여 토대가 불안정해지는 의미로 쓰임.

2) 한국의 구시군에 해당하는 일본의 기초자치단체.

치의 기본단위였습니다. 로마제국, 오스만제국, 몽골제국, 무굴제국 등이 있었고, 그곳에서는 강력한 권력을 행사하는 황제가 광대한 영토를 지배했습니다. 제국의 영토에는 여러 민족과 종교, 언어집단이 있었습니다. 신성로마제국 황제이자 스페인 왕이었던 카를 5세는 플랑드르 태생으로 파리에서 살았지만, 부르고뉴 공작이자 네덜란드의 군주로 밀라노와 나폴리, 그리고 시칠리아의 왕이기도 했습니다. 카를 5세를 현재의 국민국가 기준으로 '어느 나라 사람'인지 따져봤자 아무런 의미가 없습니다.

지금의 세계를 보자면 UN에 가입한 약 200개 나라와 지역이 기초 정치 단위로 돼 있습니다만, 이런 구조가 갖춰진 것은 400년이 채 안 되는 일입니다. 그것도 유럽만 해당하죠. 이란과 이라크, 시리아 등 중동 국가의 형성은 오스만제국이 해체된 뒤에 시작해서 지금까지 고작 90년이 흘렀을 뿐입니다. 또한, 아프리카 여러 나라는 식민지배에서 독립한 시기가 1960년대라 반세기를 조금 넘은 정도입니다. 다시 말해 지금의 국제사회는 이제 막 완성된 셈입니다.

통치구조는 유동적입니다. 국민국가는 꽤 잘 짜인 안정적 조직인 것 같지만, 지금은 파탄에 이를 지경입니다. 그 이유 중 하나는 경제의 글로벌화에 있습니다. 국민국가는 국경선으로 구분되었고, 나라마다 화폐나 언어가 다르며 도량형과 상거래 습관도 다릅니다. 그런 것들은 국경을 넘어 자본과 상품, 사람과

정보가 빠르게 이동하기를 요구하는 글로벌 자본주의에 장애로 작용합니다.

국민국가의 국경을 개방하려 했던 곳은 EU입니다. 경제공동체였던 EEC를 모체로 삼아 20세기가 끝날 무렵 발족했습니다. 2000년에는 유로화로 화폐를 통합해 '유럽 합중국'을 실현한 듯했습니다.

그런데 한계가 드러나기 시작했죠. 국민국가의 자립성을 포기하고 글로벌 공동체를 형성하는 게 그만큼 큰 장점으로 작용할지 회의적으로 생각하는 사람이 늘어났고, 국가 우선의 배타적 정치 단위로 회귀하자는 목소리가 나왔습니다. 그리스 경제위기나 스코틀랜드 독립운동, 영국의 EU 탈퇴 및 EU 탈퇴를 내건 프랑스 극우 국민전선의 돌출 등은 안티 글로벌리즘의 명백한 징후입니다. 이처럼 국민국가가 자연적으로 소멸해 글로벌 공동체로 가는 흐름은 그다지 잔잔해 보이지 않습니다.

한편, 다른 이유로 국민국가가 액상화하는 지역이 있습니다. 과거 오스만제국 시절의 여러 나라입니다. 이라크, 시리아, 레바논, 요르단, 쿠웨이트 등은 원래 유목민의 나라입니다. 그들은 예부터 경계선으로 구획한 국토나 국경선 개념에 익숙하지 않았습니다. 그 지역의 국경선은 1916년, 제1차 세계대전이 한창일 때 영국과 프랑스가 사이크스-피크협정으로 결정됐습니다. 오스만투르크의 영토의 분할 방법을 두고 외교관끼리 "나는 이쪽, 너는 저쪽" 하면서 책상 위에서 국경선을 그은 겁니다. 인위적으로 그은 국경선 안쪽에서 국민의식이나 국가 구심력이 형성될 리 없죠. 그렇게 인위적으로 몇 개의 나라가 생기고 90년이 지나자 결국 모든 나라에서 액상화가 시작됐습니다.

그 지역에서 인위적으로 성립된 국민국가들은 끝내 자리 잡지 못했고, 1978년 이란혁명 이래 전쟁과 내분이 끊이지 않고 있습니다. 그래서 궁극의 해결책으로 제시된 것이 바로 '칼리프제'의 부활입니다.

칼리프는 예언자 무함마드의 후계자를 말합니다. 오스만투르크가 사라지면서 최후의 칼리프도 폐위됐지만, 그로부터 불과 90년밖에 지나지 않았습니다. 그곳은 7세기부터 20세기까지 예언자와 그 후계자인 칼리프가 통치해온 땅입니다. 그 지역에서 국민국가 액상화에 따라 칼리프제 대망론이 재등장한 것은 어떻게 보면 자연스러운 일입니다.

지금 세계를 위협하는 IS(이슬라믹 스테이트)도 칼리프제를 따르고 있습니다. 현재 IS를 통솔하는 바그다디가 칼리프로 적절한지는 평가가 엇갈리지만, 그 지역 분쟁을 최종적으로 수습할 방법은 칼리프제밖에 없다고 전망하고 있습니다. 또 그런 전망에는 폭넓은 합의가 담겼습니다.

이슬람 공동체는 모로코에서 인도네시아까지 퍼져 있으며, 인구 16억을 거느린 하나의 거대한 문화권입니다. 그런 글로벌 공동체를 현재의 국민국가 틀에 담기는 불가능합니다. 만약 칼리프제가 느슨한 국가연합이나 민족연합을 의미한다면 어떤 해법보다 가능성이 크다고 생각합니다.

어떻게 보면 중국도 일종의 글로벌 공동체라고 할 수 있습니다. 14억 인구에 55개 소수민족을 포함하고 있으니까요. 중국의 총인구 14억은 19세기 말 세계인구와 거의 맞먹습니다. 그만큼 사람이 많은데 중국공산당의 하드파워[3]만으로 언제까지 통치를 계속할 수 있을까요. 저는 회의적이라고 봅니다. 왜냐면 중국 이전에 그 정도의 규모를 갖춘 국가를 통치해 본 정치가도 없었고, 노하우도 이 세상엔 존재하지 않기 때문이죠.

더구나 소수민족은 독립하고 싶어 합니다. 특히 신장 위구르족은 터키계입니다. 실크로드를 따라 우즈베키스탄, 카자흐스탄, 투르크메니스탄을 거쳐 터키까지 '수니파 벨트'가 이어지죠. 지금은 국민국가 국경선으로 분단돼 있지만, 본래 그들은 동질성이 큽니다. 그들끼리 국경 제휴가 이뤄질까 봐 중국과 러시아는 우려하고 있습니다. 시진핑이 제창한 '일대일로(一帶一路, One Belt, One Road)' 구상이나 푸틴의 '유라시아 경제연합'은 모두 그 지역을 가로지르는 터키계 '벨트'가 생기는 사태를 강력하게 견제하는 수단으로 볼 수 있습니다.

---

3) hard power : '자신이 원하는 것을 상대에게 하도록 하는 힘'으로 주로 군사력, 경제력 등의 유형(tangible) 자원.

미국과 러시아의 시리아 내전 관여는 일종의 '대리전쟁'입니다만, '교섭'을 벌여 정전할 기미는 드러내지 않습니다. 왜냐면 그 지역에는 강대국의 대리전쟁을 끝낼 정도로 통치력이 강한 국민국가가 없기 때문입니다. 무수한 교전 단체가 군웅할거를 할 뿐이죠. 그들 조직 간 상호 관계를 '친미 또는 친러'식의 단순한 이항대립으로는 설명하기 어렵습니다. 미국 국무성 담당관도 어느 조직을 지원하고, 어느 조직을 공격해야 미국에 이득인지 머리를 싸매고 고민할 겁니다. 대리전쟁을 성립시키려면 그 지역을 전통적 국민국가 형태로 만들어야 합니다. 하지만 돈을 쏟아부으며 군사개입을 할수록 오히려 국민국가의 해체가 진행되죠. 이처럼 악순환이 계속되고 있습니다.

동시에 미국은 장기적 세계전략으로 미군 철수를 시작했습니다.[4] 이제 중동 지역은 이스라엘과의 연대를 제외하면 그다지 중요하지 않습니다. 과거에는 중동에서 석유를 안정적으로 확보하는 일이 국가적 급선무였지만, 지금은 정세가 불안정한 지역에서의 에너지원 공급을 피하고 있습니다. 따라서 에너지원도 셰일가스로 전환하고, 석유도 캐나다, 멕시코, 베네수엘라 같은 인접국에서 수입합니다. '탈중동' 노선을 택한 겁니다.

---

4) 2021년 2월 4일 바이든 대통령은 트럼프 전 대통령의 정책을 바로 잡기 위해 전 세계 미군 배치를 재검토하겠다고 밝혔다. 앞서 트럼프는 이라크와 아프가니스탄에서 미군을 철수시켜 유럽 동맹국들이 우려를 표명한 바 있는데 실제로 2021년 8월 탈레반이 아프가니스탄을 장악해 정권을 탈취했다.

일본은 집단적 자위권 행사를 결정하고, 미국이 철수한 중동으로 진출하려고 합니다. 하지만 IS는 국가가 아니죠. 제네바협약도 체결하지 않아 IS나 기타 테러리스트 조직에는 전시국제법을 적용할 수 없습니다. 안보법안은 국회 심의에서도 문제가 됐지만, 자위대원이 포로가 됐을 때 할 수 있는 일이 없습니다. 제네바협약에 따라 전쟁포로 자격을 얻지 못하므로 고문당하거나 처형당해도 '전시국제법 위반'으로 항의할 수 없습니다. 고전적 개념의 지정학과 국가 간 파워게임의 규칙이라는 틀에서 대처하기가 불가능합니다.

일본 정부는 파병할 뜻을 내비치지만 그곳은 미국이나 러시아도 제어하지 못한 분쟁지역입니다. 정보도 없고, 지원자도 없고 현지 정치세력 내부에 '정보제공자(내통자)'도 없습니다. 그런데도 맨손으로 뛰어들면 뭔가 성과를 볼 수 있다고 생각하는 걸까요?

로컬로 분할하는 국민국가

글로벌화가 진행되는 한편으로 국민국가 내부에서는 지역으로 분할이 이뤄지고 있습니다. 글로벌화에는 반드시 로컬화가 따릅니다. 국민국가의 구심력이 약해지면 지역의 독립 의지가 강해지기 때문입니다.

대표적으로 들 수 있는 예가 유고슬라비아 연방의 해체입니다. 인접 국가와 긴장 관계를 유지할 때는 인종이나 종교, 언어가 서로 다른 여러 지역이 하나의 국가 형태로 자리 잡을 수 있었습니다. 그런데 그런 '작은 차이를 버리고 한마음으로 뭉쳐 적을 대하는' 전략이 실효성을 잃자, 이제는 서로의 차이를 구실로 분해해 버렸습니다. 티토 대통령 시절에는 '일곱 개의 국경, 여섯 개 공화국, 다섯 개 민족, 네 개 언어, 세 개 종교, 두 개 문자, 그리고 하나의 국가'인 다민족 국가를 내세웠지만, 티토 사후 각 공화국에서 내셔널리스트가 권력을 잡으면서 무참한 내전 상황으로 접어들고 말았습니다.

스코틀랜드는 영국에서 독립하는 문제를 국민투표에 부쳤습니다. 부결됐지만 찬반이 팽팽하게 맞섰죠. 하지만 영국의 유럽 공동체 탈퇴 후 스코틀랜드의 독립 열기가 다시 달아오르고 있습니다.

이탈리아도 마찬가지입니다. 경제 수준이 높은 북부는 가난한 남부와 분리돼 독립하려고 합니다. 자신이 낸 세금으로 남부 사람들을 먹여 살리고 싶지 않다는 겁니다. 자신이 낸 세금은 자신을 위해 써야 한다고 생각하는 사람이 계속해서 늘어난다면, 더는 국민국가를 유지하기 어렵습니다.

국민국가의 말기적 현상은 외교 차원에서 벌어지는 문제에서 비롯한 것만은 아닙니다. 내부의 국민 통합 공동화(空洞化)도 원인으로 작용합니다. 국민국가는 결국 '상상의 공동체'입니다. 국민의 귀속의식도 일종의 환상이라고 할 수 있죠. 역사 환경이 바뀌고 국민국가의 구심력이 약해지면 사람들은 '내가 도대체 어디에 속해있는지' 알 수 없게 됩니다.

그럴 때 자신과 밀접하게 이어진 뭔가를 찾게 됩니다. 종교나 언어, 의례나 제사 등 생활문화 같은 것에 매달립니다. 글로벌화와 국민국가의 액상화가 동시에 진행되는 과정에서 '나는 어느 집단에 속하는지'를 결정할 선택지가 없고, 또 무엇을 기준으로 자신이 속할 집단을 정해야 할지 '모르는' 사람들이 쏟아져 나왔습니다. 세계 곳곳에서 벌어지는 광신적 배외주의나 인종차별은 바로 '나는 어떤 공동체 소속인지 모르겠다'는 초조와 불안이 빚어낸 현상입니다.

한편, 국민국가의 액상화에 적응하려고 느슨한 글로벌 공동체를 구축하려는 움직임도 있습니다. 앞서 '일대일로' 구상과 유라시아 경제연합을 언급했는데, 중국 주도의 AIIB(아시아 인프라 투자은행)와 TPP 역시 지역공동체를 재구축하려는 시도로 볼 수 있습니다.

한·일 중심의 동아시아 공동체

한편으로 동아시아 공동체 구상도 있습니다. 처음으로 제시한 사람이 누구인지는 모르겠지만, 미래학자 로렌스 토브는 일찍이 '유교권(Confucio)'이라는 개념을 제시했습니다(『3つの原理(3가지 원리)』간다 마사노리 역, 다이아몬드사, 2007, 원저는 1996).

"유교 전통은 블록을 형성하는 나라들에서 공통으로 볼 수 있는 중요한 문화적 요소다. 나는 그런 극동 블록을 '유교권'이라고 부른다. 유교권 나라에는 일본, 중국, 조선 등이 있다. 여기서 '중국'이란 중국, 대만, 홍콩, 마카오를 통칭한다. 이들 나라와 지역은 머지않아 하나의 중국으로 단일화할 것으로 보인다. 또한, '조선'은 한국과 북한을 말하는데 이쪽도 곧 통일돼코리아 또는 고려라는 단일국가로 나아갈 것이다. 그리하여완전히 하나가 된 중국과 일본, 이렇게 이들은 유교권 안에서대등한 파트너가 된다. 하지만 중국은 중화제국 시절 그 지역을 이끌었던 역사가 있기에 정치적으로 주도하는 역할을 하고싶어 할 것이다. 마치 프랑스가 EU에서 맡았던 역할처럼 말이다." (같은 책 163쪽~164쪽)

이 책을 읽어보면 홍콩반환(1997) 이전에 쓰였다는 걸 알 수 있습니다. 토브는(한 번 만난 적이 있었는데 매우 유쾌하고 현명한 사람이었습니다) 남북한의 통일도 조만간 성사될 것으로 예측했으나 아직 실현되지 않았습니다. 그래도 한국, 일본, 대만, 홍콩은 문화적으로나 민주주의 발전 측면, 그리고 경제력으로도 동아시아에서 매우 밀접한 나라라는 지적은 옳았습니다. 짧게 5년, 10년이 아니라 장기적으로 50년, 100년을 내다볼 때 이들 나라와 지역이 연대해서 동아시아 공동체의 중심으로 자리 잡을 것이라는 전망은 개연성이 높다고 생각합니다.

일본 정치인은 그렇게 장기적 관점으로 사고하지 못하겠지만, 앞서와 같은 프로세스를 염두에 두는 사람이 이들 나라와 지역에도 이미 많이 있으리라 봅니다.

다만, 이 구상에는 미국의 극렬한 반대가 예상됩니다. 미국은 이 지역에서 일본, 한국, 대만, 필리핀과 동맹해 중국과 대립 관계를 유지하고 있습니다. 앵글로색슨의 식민지 통치원리는 오로지 '분리 통치(divide and rule)'에 바탕을 두기에 자기 동맹국들이 상호 긴밀하게 우호관계를 맺는 것을 인정하지 않습니다. 미국과는 개별적으로 동맹 관계를 맺지만, 각각의 나라를 서로 잠재적 적대관계에 놓으려고 합니다. 지역에서 발생하는 모든 문제는 하나하나 미국과 상의해 해결하지 않으면 안 되는 구조를 만들어놓았습니다.

예를 들어 미국이 고기잡이배 선주라면 일본과 한국은 어부인 셈입니다. 어부끼리 동맹을 맺고 선주의 지시를 따르지 않는 일을 미국은 용납하지 않습니다. 미국은 이들 나라가 서로 '전쟁을 벌이지 않을 정도로 우호적이되 서로 동맹을 맺지 않을 정도로 적대적 관계' 사이 어디쯤에 있는 상태를 유지하고 있습니다.

전략적으로는 확실히 합리적이라고 할 수 있죠. 하지만 그처럼 '모호한' 외교적 통제를 구사하려면 매우 섬세한 외교술이 필요합니다. 밀고 당기거나 때로 협박하고 때로 치켜세우는 일에 부지런해야 '선주' 역할을 해낼 수 있습니다. 그러나 지금의 미국 국무성은 그럴 만한 능력이 없습니다. 인적 자원이 고갈돼 난도가 높은 외교술을 뒷받침할 만한 지성도 바닥을 드러냈습니다. 더구나 글로벌화의 좌절로 국제정치 변수가 점점 늘어나고 있습니다.

동아시아에서 미국의 '철수'는 전략적 선택이었겠지만, 속사정을 들여다본다면 변수가 너무 많아져 귀찮아진 게 아닐까 생각합니다. 2015년 말에 한국과 일본은 '일본군 위안부' 문제를 두고 느닷없이 '최종적이고 불가역인 해결'이라는 점에 합의를 이뤘습니다. 하지만 이를 두고 한일 외교 당국이 물밑에서 강한 인내심으로 교섭에 임했다고 생각하는 사람은 한국에서나 일본에서나 없으리라 생각합니다. 실제로는 한국과 일본의 대립이 미국의 묵인 한계를 넘자 "적당히 해, 너희들 자꾸 그런 문제로 싸울래?"라며 양국의 외교부에 호통을 쳤기에 할 수 없이 시늉만 냈던 거죠.

　미국은 이제 동아시아에서 손을 떼고 싶어 합니다. 하지만 중국을 견제하려면 한국, 일본, 대만과의 연합이 필수입니다. 지금까지 한일 양국이 적대적이라 미국은 오히려 이익을 봤습니다. 그래서 한일 관계 조정에 적극 나서지 않았습니다. 하지만 한·일이 미국의 별동대로서 어느 정도 호흡을 맞춰주지 않으면, 미국은 철수하는 데 곤란을 겪을 수밖에 없습니다. 그래서 한일 양국 정부에 일갈한 겁니다. 그런데 한일 양국 정부는 '일본군 위안부' 합의가 성실한 자세로 임해 얻은 외교성과가 아니기에 제대로 이행하려는 의지가 없습니다. 미국 앞에서는 '최종적이고 불가역적인 해결'이라고 했지만, 일본군 위안부 문제는 그런 협정 정도로 해결할 수 없습니다. 일본 측은 사과할 마음이 없고, 한국 측은 용서할 생각이 없으니까요.

　현재 상황이 그렇다 해도 장기적으로 볼 때 동아시아 각국은 제휴를 모색할 필요가 있다고 생각합니다. 고대 중국에 '합종(合縱)'이라는 국가 전략이 있었습니다. 소진(蘇秦)이 펼친 외교책입니다. 강국 진나라에 대항하기 위해 한, 위, 조, 연, 초, 제 여섯 나라가 남북으로 동맹하는 계책입니다. 이에 대항해 나온 것이 진나라 장의(張儀)가 내세운 '연횡(連衡)'입니다. 대국 진나라는 작은 여섯 나라와 개별적으로 공수 동맹을 맺어 그들 나라 사이에 쐐기를 박으려고 했죠. 대국은 반드시 연횡책을 씁니다. 바로

'분리 통치'입니다. 어느 시대나 있었던 제국주의 국가의 식민 지배 기본 방식입니다. 소국이 여기에 맞서 자립적인 국가전략을 세우려면 합종책을 채택할 수밖에 없었죠.

미국과 중국, 두 강대국 사이에 낀 동아시아 국가들이 중요한 존재로 살아남으려면 장기적으로 동아시아 공동체를 형성해야 한다고 봅니다. 우선 한일 양국이 중심이 돼야 합니다. 거기에 대만, 홍콩, 필리핀이 합세해 ASEAN 국가들과 연대하는 겁니다. '유교권'은 중국도 포함되는 공동체 구상이지만, 거기에까지 이르려면 다양한 아이디어를 검토해야 하는 과도기가 필요하겠죠. 주술처럼 '미일동맹 기축'만 외치면 모든 외교적 난제를 피할 수 있던 시대는 지났습니다. 아무리 터무니없는 아이디어라도 좋으니 이제는 스스로 생각할 때가 됐습니다.

제12장
—
정상경제를 향해
고아키나이로 살아남기

격차확대 조장하는 고용 없는 경제성장

현재 세계에서는 글로벌화와 로컬화라는 상반된 두 가지 흐름이 동시에 나타나고 있습니다. 국민국가는 상상의 공동체입니다. 후쿠자와 유키치가 "나라를 세우는 일은 내 나름대로 가능하다. 공공연하게 할 일이 아니다."라고 했듯이 국민국가는 17세기에 들어 생긴 정치적 의제입니다. 역사적 조건이 갖춰지면서 실현됐습니다. 따라서 역사적 조건이 변하면 무너져 소멸할 수 있습니다. 그런 일은 국민국가 이전에 있었던 이런저런 정치 단위가 생성하고 소멸하던 프로세스와 다르지 않습니다. 결국, 국민국가도 소멸하거나 형태가 달라집니다.

지금은 국민국가의 구심력이 약해져 국민의 결속이 느슨해진 상태로 이행기에 해당합니다. 그런 와중에 국민은 '나는 도대체 어디에 귀속돼 있는지' 의문을 갖게 됐습니다. 따라서 로컬화는 "나는 어디에 속할까?"라는 절실한 물음에 답을 찾는 과정이라고 생각합니다.

로컬화는 정부가 생각하는 '지방창생' 아이디어와는 차원이 다릅니다. 정부는 중앙집권체제를 유지하면서 지방이 살아남도록 지원한다고 하지만, 그 '창생' 계획이 기존 도도부현 제도를 기반으로 하는 이상 성공할 수 없을 겁니다. 왜냐면 로컬화는 먼저 도도부현 제도의 공동화 현상으로 나타나기 때문입니다.

얼마 전 경제학자 미즈노 가즈오(水野和夫) 선생과 대담할 기회가 있었습니다. 미즈노 선생은 '글로벌 자본주의는 이론적으로 지속 불가능하다'고 보는 사람입니다. '자본주의가 계속해서 성장하려면 어딘가에 투자해야 하는데, 이제는 투자할 여지도 없고 이자율도 오르지 않는다, 앞으로 우상향을 그리는 경제성장은 없을 것이다, 결국 어딘가에서 정상경제체제가 시작될 것이다'라고 미즈노 선생은 내다보고 있었습니다.

그대로 경제성장을 고집한다면 선택할 수 있는 해법은 인건비 최소화 말고는 방법이 없습니다. 비정규직으로 전환하거나 AI를 도입하고, 이주노동자를 받아 '생산성 향상'을 도모하더라도 의미하는 바는 하나입니다. 인건비 최소화죠. 다시 말해 고용 소멸입니다. 기업의 이익은 늘어날지 몰라도 노동자는 갈수록 가난해질 겁니다. 경제성장에서 임금의 분리는 필연적 귀결입니다.

미즈노 선생은 경제성장을 여전히 바란다면 '고용 없는 경제성장'이라는 악몽이 되풀이되리라고 말합니다(미즈노 가즈오, 『자본주의의 종언과 역사의 위기』, 슈에이샤신쇼, 2014, 115쪽).

일본에서는 90년대부터 노동시장 규제완화가 이뤄졌습니다. 인건비를 낮추고자 필요할 때만 고용했다가 필요 없어지면 해고할 수 있는 보조 인력으로서 비정규직을 모든 기업(대학조차도)이 기본 채용 방식으로 도입했습니다. 과거 25년간 역대 내각은 총인건비를 억제하는 노동정책을 일관되게 펼쳤습니다. 그 결과 기업들의 내부 유보금은 최고치를 계속해서 갱신하고 있습니다. 하지만 이익은 인건비로 돌아가지 않았고, 노동소득분배율은 사상 최저 수준에 머물고 있습니다. 기업에 인건비는 자재 매입비용과 마찬가지로 '최소화해야 할 것'에 지나지 않았던 겁니다. 도대체 그 이익은 어디로 갔을까요? 주식 배당금으로 쓰이고 있습니다. 주식 배당을 늘리기 위해 피고용자의 보수를 삭감하고 있습니다. 이런 일이 계속되면 부의 편중 심화로 양극화가 일어날 게 자명합니다. 그런데도 '고용 없는 경제성장'이 지금 대부분 일본 기업이 채택하고 있는 '경제성장책'입니다.

임금 상승이 가능한 정상경제

"근대 시스템이 기능 부전에 빠져 있는데도 근대 체제 틀에 갇혀 성장을 신봉하는 한 성장 전략으로는 아무리 구조개혁을 해도 근대의 위기를 넘어설 수 없다. 이처럼 막다른 골목에 이른 이유는 지금껏 '성장이 모든 상처를 치유한다'는 근대 자본주의 가치관에 함몰된 데 있다. 그런데 성장에 기대를 걸수록, 다시 말해 자본이 앞서 나가고자 할수록 고용은 희생양이 되고 만다."(앞의 책, 127쪽)

문외한인 제가 보기에도 '자본주의' 체제를 아무리 개선한다고 해도 문제를 해결할 수 없다는 사실을 직감하게 됩니다. 전 세계 쟁쟁한 경제전문가들이 지혜를 모았을 텐데도 자본주의 '회생'은 방법이 없는 것 같습니다. 그저 고용 환경이 계속해서 악화하고 있을 뿐이죠. 그런 현실을 보고 있노라면 누구라도 '다음 체제'로 전환할 때가 됐음을 알게 되리라 생각합니다. 그러나 전환은 없었습니다. 경제학자들은 지금도 '성장 전략'이라든가 '인구감소 대책' 따위 공허한 말만 내뱉고 있습니다. 그런 문제가 해결될 리가 없는데도 말입니다. 왜 경제전문가들은 자신의 유한한 지적 자원을 '플랜B'나 '플랜C'에 사용하지 않는 걸까요.

　만일 그들이 말하는 대로 앞으로 인구가 갑자기 V 자형 회복세를 보이고, 임금이 오르면서 소비 활동이 활발해져 세수가 증가하거나 주가가 최고점에 다다른다 해도 '그렇게 되지 않을 경우를 대비해서 피해를 줄일' 대책을 마련해야 합니다. 그렇게 한다고 해서 누가 벌을 주는 것도 아니니까요. '대책을 강구한다'는 것은 그저 '머리만 쓰면 되는 일' 아닌가요? 논리적 사고력과 상상력만 발휘하면 됩니다. 그런데도 '절대로 싫다'는 이유를 모르겠습니다.

　미국에 대한 이런저런 불만이 있지만, 그 나라는 '혹시 일어날지도 모르는 예상 밖의 경우'를 가정하고 대책 매뉴얼을 만듭니다. 또한, 그런 일을 '높이 평가하는 문화'도 있습니다. 누구도 상상할 수 없을 법한 '어처구니없는 사태'를 가정해 그런 일이 벌어졌을 때 피해를 최소한으로 줄일 방도를 마련합니다. 이를 위해 전문가를 양성하고 필요한 물품을 비축해 둡니다. 바로 이 것이 일본과 전혀 다른 점입니다.

일본은 제국주의 시절 대본영 체제 이후 '모든 일이 잘될 경 우 황군의 대승리'라는 식으로 허술한 시나리오를 내미는 참모 가 출세했습니다. '플랜A가 실패하더라도 플랜B가 있고, 또 플 랜C를 준비'해 피해를 줄이려고 지혜를 모으는 참모는 배제됐 습니다(아니면 애초부터 그런 참모는 임관되지 못했습니다). 일본에는 그런 아부가 판치는 문화가 있습니다. 그래서 '경제성장이 멈춘 시대를 어떻게 극복할 것인지' 지혜를 짜내도 출세하지 못합니 다. '혁신이 이뤄지고, 인구가 늘고, 임금이 오르고, 주가가 상승 하고, 엔화 가치가 하락하면 황군 대승리!'라는 식으로 덤비는 경제학자들만이 잘난 척하는 형국입니다. 국민의식이 전쟁 때 나 지금이나 크게 다르지 않습니다.

미즈노 선생은 자본주의 다음으로 '정상(定常) 상태'가 찾아 오리라고 내다보고 있습니다. 제로성장 사회의 도래입니다. 제 로성장은 인류 역사상 예외적인 사건이 아닙니다. GDP가 제로 에서 벗어나 성장하기 시작한 시기는 16세기입니다. 다시 제로 성장 사회로 돌아갈 가능성은 큽니다.

제로성장이란 '순투자가 없는' 상태를 말합니다. 감가상각 범위에서만 투자가 이뤄집니다. 가계로 말하자면 지금 쓰는 가재도구가 고장 나거나 부서졌을 때만 교체하는 거죠. 차가 완전히 고장 나야 새 차로 바꿔 탑니다. 즉 교체 주기에 맞춰서만 생산과 소비가 이뤄진다는 겁니다.

정상경제라고 해서 기업이 당장 도산하는 일은 없습니다. 정상경제에서는 주식회사 수익을 인건비와 감가상각에 쓰고, 주주 배당 수준은 정기예금 금리 정도로 유지합니다. 그렇게 했을 때 미즈노 선생은 어림잡아 전체 임금 수준을 50% 올릴 수 있다고 말합니다. 당연하지만 소비 활동이 활발해지겠죠. 인간이 살아가는 데 필요한 물건(의식주에 들어가는 필수 상품과 서비스)은 앞으로도 계속해서 수요가 이어질 겁니다.

지속 가능한 '얼굴 있는 거래'

정상경제에서 기업은 어떤 활동을 하게 될지 예측하기 어렵지만, '인간이 살아가는 데 필요한 물건'을 만드는 기업은 존속하고, 그러지 않는 기업은 도태될 가능성이 크다는 것만은 확실합니다. 덧붙이자면 인간에게 '이것 없이는 살아갈 수 없는' 물건이라는 것은 본질적으로 환상입니다. 정상경제 상황에서 인간이 어떤 환상적 욕망을 품게 될지도 역시 제가 예상하기는 어렵지만, 정상경제를 향해 올바르게 나아가는 기업가만이 그 시대의 성공자로 자리매김할 수 있다는 것만은 분명합니다.

무엇보다 확실한 것은 '고아키나이'가 기업으로는 안정적 형태라는 점입니다. 상품이나 서비스를 지역 특색에 맞춰 로컬화하니까요. '얼굴 있는 거래'를 유지하는 기업은 살아남을 확률이 높습니다.

이렇게 말하면 고아키나이는 메이지 이전 기업 활동과 거의 같다는 걸 알 수 있습니다. 맞습니다. 아마 그런 방향으로 가게되리라 예상합니다. 실제로 지금 일본 기업 중에 '모노즈쿠리'[1]로 성공해 세계적인 브랜드로 성장한 사례는 얼마든지 있죠. 기본적으로 '고아키나이'라고 할 수 있습니다. 모든 생산공정 구석구석까지 경영자의 손길이 미치고, 직원을 잘 챙깁니다(대개 종신고용 형태입니다). 임금도 높고 고객과의 관계가 일회성이 아니라 지속해서 이뤄집니다. 그런 특징을 갖춘 기업은 경기 변화와 관계없이 착실하게 기업 활동을 전개할 수 있습니다. 이런 고아키나이 형태가 하나의 모델이 될 수 있지 않을까 싶습니다.

---

1) ものづくり: 전통 제조법으로 음식이나 물건을 만드는 일. 보통 장인의 손길이 깃든 가내수공업을 일컫는다.

제13장

—

탈미디어
가짜뉴스를 선별하는 직감력

기동성 좋은 미디어가 살아남는다

언젠가 험한기사로 재미를 보는 주간지 기자에게 '왜 그렇게 기사를 심하게 쓰느냐'고 물은 적이 있었는데, 망설임 없이 '딱히 진심으로 쓴 건 아니다'라고 대답하더군요. 편집장이 쓰라고 해서 '그런 기사'를 썼다는 겁니다. 하지만 그걸로 판매 부수는 늘어났다고 덧붙였습니다.

참으로 어이없는 일입니다. 정말로 한국이나 중국이 싫다는 신념을 갖고 한국과 중국을 매도하는 기사를 썼다면 모를까(이 것도 좋은 일은 아니지만) 자기 생각과 상관없는 기사를 '잘 팔린다' 는 이유로 쓴다면 더는 저널리스트라고 할 수 없습니다.

그런데도 변명만 하고 있습니다. '결국, 출판도 비즈니스다' 혹은 '상부의 지시를 따를 수밖에 없다'가 대표적이죠. '돈과 권력 앞에서는 어쩔 수 없다'고 핑계를 대면서 품격 없는 행동을 모두 눈감아주고 있습니다. 앞에서는 '그런 일을 계속한다면, 내가 볼 때도 저널리즘의 미래는 없다고 생각한다'며 솔직하게 고백하지만, 그렇다고 그런 일을 그만두겠다는 말은 하지 않습니다. 나 혼자 안 한다고 미디어의 퇴보가 멈추지는 않는다. 나 혼자 정론을 외친다고 세상이 바뀌는 건 아니다. 차라리 시류를 따르는 게 속 편하다는 거죠.

'그런 식으로 앞으로 5년, 10년을 계속할 수 있을까?'라는 질문에는 '생각해본 적 없다'고 대답합니다. 현실 파악 능력이 딱 그 정도 수준에 있어서 앞으로도 달라지지 않을 것 같습니다. 편집회의에서 험한 소재는 이제 그만 다루자고 제안하면 상사는 이렇게 반응한다는군요. "그럼 대안을 가져와, 잘 팔릴 대안 말이야. 없으면 입 닥쳐!"

최근 들어 '대안을 가져와'라고 말하는 사람이 많아졌더군요. 국회나 인터넷에서 정부 정책을 비판하면 "대안이 뭔데? 없으면 조용히 있어!"라고 합니다. 어떤 정책에든 '말도 안 된다'며 문제를 제기할 수 있지만, 그럴 때마다 대안을 내놓으라고 하면 곤란하죠.

일반 시민 주변에는 기안을 마련해줄 관료나 주장을 대변해줄 국회의원, 또는 자문받을 수 있는 지식인이 없습니다. 대안을 내놓으라고 한들 정부가 내놓는 정책 수준으로 완성도를 갖춘 대안이 나올 리 없습니다. 대안이 없으면 잠자코 있으라는 말은 '조정의 명령에 반항하지 말라'는 말이나 다름없습니다.

제가 말하고자 하는 바는 더 좋은 생각은 없는지 좀 더 이야기하면서 함께 지혜를 모으고 서로 납득할 만한 '타협점'을 찾아보자는 겁니다. 이것이 가장 현실성 있는 방법이라고 생각하는데, 아무도 입 밖에 내지 않습니다. 함께 논의하고 지혜를 모으는 일이 뭐가 그리 괴롭다고 마다하는지 모르겠습니다.

한 집단이 난처한 상황에 놓였을 때 '중지를 모으는' 일은 생존 전략의 기본입니다. 물론 중지를 모은다고 반드시 해결책이 나오는 건 아닙니다. 그럴 리가 없죠. 하지만 함께 지혜를 모아 해법을 찾는다면 설령 실패해도 '난 모르는 일이야' 또는 '책임자는 나가 죽어!' 같은 말이 오가는 살벌한 상황은 벌어지지 않습니다. 모두가 그 결정에 참여했기에 책임 떠넘기기식 발언이 나올 수 없죠. 일단 실패해도 '자, 다음 방법을 찾읍시다!'라면서 다시 대안을 찾게 됩니다. 다시 모여 '플랜B'를 궁리하죠. 플랜A만 주야장천 고집하지 않고, 실패가 반복되더라도 다른 안을 찾아 실행합니다. 이처럼 해법을 찾아 함께 도모하는 방식은 실패 과정을 겪으며 집단의 복원력이 강해진다는 데 의미가 있습니다.

언제나 정답을 찾아내는 지도자도 없고, 정답에 대한 기대도 무의미합니다. 실패했을 때 바로 '플랜B'로 전환할 능력이 있는 집단, 복원력이 강한 집단을 설계하는 일이 중요합니다.

어떤 논객이 "대안은 무슨! 윗사람이 시키는 대로 해."라고 주장한다 해도 그것 역시 하나의 의견일 수는 있습니다. 조직론 차원에서 권한을 한곳에 집중시키는 일은 경험적으로 볼 때 그 나름대로 유효하기도 하니까요. 하지만 윗사람 말은 옳으니 무조건 따르라는 주장은 논리도 없고 실천할 수도 없는 그릇된 방식입니다.

그런 태도를 고집하면 계획이 틀어졌을 때(어떤 플랜이라도 앞으로 일어날 일을 모두 예측할 수 없으니 일정한 확률로 어긋나게 마련입니

다) 잘못을 인정하기가 어려워집니다. 그러면 정책이 잘못됐음을 알면서도 그대로 질질 끌다가 피해를 키우게 되죠. 실패를 감춘다고 해도 이내 더는 감출 수 없는 지경에 이르는데, 그때는 이미 '플랜B'를 세울 만한 지성과 판단력을 갖춘 주체가 사라진 뒤입니다. 그것이 바로 아시다시피 대일본제국 패전의 구조입니다.

앞서 말씀드린 대로 현대 일본에서 벌어지는 여러 시스템 붕괴는 모두 전쟁 말기 전쟁지도부가 보여준 패턴을 그대로 따르고 있습니다. '나라가 쇠락하면' 일본인이 어떻게 행동할지 훤히 보입니다. 어쩌면 일본인의 DNA에 '실패의 비밀 코드'가 새겨져 있는지도 모르겠습니다.

미디어 악화의 원인은 '가난해지면 아둔해진다는 데' 있습니다. 발버둥 치면서 뭐든지 해보지만 통하는 게 없습니다. 그러다가 '가짜뉴스'로 대중의 이목을 끌려고 합니다. 그런 상황에서 적은 부수로 소량 판매를 해왔던 비즈니스 모델이 적용되던 출판이 반사이익으로 꽤 부상하기도 했습니다. 예컨대『주간 플레이보이』는 상당히 날카로운 정치 기사를 게재하게 됐죠. 왜 그렇게 됐는지 궁금하던 차에 시라이 사토시[1] 선생과 대담할 기회가 있어 담당 편집자에게 물었던 적이 있습니다. '여성 누드 화

---

1) 白井聰 : 사상가이자 정치학자로 국내에는 『영속패전론』 『속국 민주주의』 등이 번역 출간됐다.

보만 있어도 오로지 그것 때문에 구매하는 고정 독자가 있어서 어떤 기사를 쓰더라도 부수 증감에는 영향이 없다'는 놀랄 만한 사실을 알려줬습니다.

그 밖에 『주간여성』이나 『통판생활』 같은 잡지도 가식 없는 기사를 거침없이 내보내고 있습니다. 그런 일이 가능한 배경에는 '광고주 눈치를 안 봐도 되는' 환경이 있지 않을까 싶습니다. 게이단렌(經團連) 기업이 주요 광고주이고, 덴쓰(電通)[2]가 광고를 담당하는 매체라면 당연히 상상할 수 없는 일이겠죠. 역시 작게 꾸려가는 쪽의 '검열 내성'이 강합니다.

지금 자율규제에서 가장 자유로운 매체는 라디오입니다. 저는 여러 해 전부터 간사이 MBS[3] 라디오에서 아나운서 니시 야스시가 진행하는 「변방의 라디오」라는 부정기 프로그램에 정신과 전문의 나코시 야스후미 선생과 함께 출연하고 있습니다. 정규 방송이 끝난 심야시간대에 광고도 없이 내보내는 방송으로 말 그대로 변방에서 발신하고 있습니다만, 덕분에 정말 자유롭게 참여하고 있습니다. 어떤 말을 해도 트집잡힐 일이 없죠.

도쿄의 키국(Key Station) TV 뉴스 해설 프로그램 같은 데서 경솔한 발언을 했다가는 곧바로 총리 측 연락을 받을 겁니다. 그러면 방송국 고위층은 저런 녀석을 누가 불렀냐며 난리를 치겠지

---

2) 일본 최대의 광고대행사.
3) 마이니치 방송(每日放送).

만, 라디오는 괜찮습니다(총리 측 누구도 라디오는 듣지 않으니까요).
정부라도 인적 자원에는 한계가 있죠. 설마 간사이 로컬 방송을,
그것도 정규 심야방송이 끝난 시간대까지 점검하겠습니까(해도
상관없지만, 업무 우선순위에서 뒤로 밀릴 겁니다).

앞으로 미디어 생존 여부는 기동력에 달렸다고 생각합니다.
다시 말해 제작비가 적게 들어 대기업 광고 수주가 필요하지 않
은 환경 조성과 소규모라도 안정적인 독자·시청자 확보로 '하
고 싶은 말'을 할 수 있는 여건을 마련하는 일이 미디어 운영에
관건으로 작용할 겁니다.

지금까지 미디어는 규모가 클수록 유리했습니다. 하지만 이
제는 달라졌습니다. 규모가 클수록 오히려 '조직 유지비'가 부
담으로 작용합니다. '이런 기사라도 써야 팔린다'는 주간지 기
자의 말은 요컨대 그들이 쓰고 싶은 기사를 외면하는 독자를 상
대로 장사하고 있다는 뜻입니다. 기자 자신이 쓰고 싶은 기사를
썼을 때 외면하는 독자를 상대하는 사업이라면 사업 계획 자체
가 잘못된 겁니다.

사라지는 신문, 보도하지 못하는 신문의 미래

신문은 앞으로 10년 안에 몰락할 겁니다. 그동안 이런저런 매

체에서 여러 차례 이야기했지만, 제가 『아사히신문』 심의위원으로 있을 때 해마다 5만 부씩 발행 부수가 줄었습니다. 불과 몇 년 전 일입니다. 그런데 작년(2014)에는 한 해에 45만 부가 감소했습니다. 순식간에 줄어드는 속도가 9배나 빨라진 겁니다. 연간 5만 부 감소할 때 아사히 쪽 사람에게 "이렇게 줄어도 괜찮은가요?"라고 물었더니 "800만 부에서 제로가 될 때까지 160년 남았네요."라면서 웃었습니다. 하지만 연간 45만 부씩 감소한다면 18년 남은 셈입니다.

대체로 신문 구독자 중에는 고령자가 압도적으로 많습니다. 따라서 아무리 충실한 독자라도 생물학적 한계로 계속해서 구독할 수 없습니다. 앞으로 신문의 질이 향상되더라도 종이신문에 익숙한 사람들은 줄어들게 마련입니다. 제 주변만 봐도 40대조차 신문 구독은 하지 않습니다. 그러니 그 아래 세대는 말할 것도 없죠. 최근의 통계로는 10대의 신문 열독률(하루 15분 이상 신문을 읽는 경우)은 고작 4%입니다. 이 수치는 앞으로 점점 더 줄어들어 제로에 가까워질 테고, V 자형 회복을 보일 가능성은 없습니다.

매일 수백만 부를 팔아야만 수지가 맞는 신문산업의 비즈니스 모델은 앞으로 10년 안에 무너질 겁니다. 물론 신문사는 본업 말고도 부동산 수입 등이 있어 당분간은 임대 수입이나 토지 매각으로 '독자 없는 신문'을 계속해서 유지할 수는 있겠죠. 그러나 그것을 '저널리즘'이라고 부를 수 없습니다.

무엇보다 큰 문제는 '전국지 소멸'이라는 사회적 대사건을 전국지 자신은 전혀 보도하지 않는다는 데 있습니다. 신문이라면 왜 '그런 일'이 일어났는지, 역사적으로 볼 때 어떤 맥락에서 일어난 사건인지, 문명사적으로는 어떤 의미가 있는지를 그나마 숨이 붙어있을 때 고민해야 합니다. 아울러 전국지 소멸로 사회는 어떻게 변할지, 그것이 부정적 변화를 가져온다면 피해를 최소화하기 위해 신문은 무엇을 해야 하는지와 같은 **긴박한 국민적 질문**을 마주해야 합니다.

하지만 그런 기사를 내는 신문은 어디에도 없습니다. 자기 발등에 불이 떨어졌는데도 '모르는 척'만 하고 있습니다. 신문의 존폐가 달린 문제에 '생각하고 싶지 않다'는 사고정지 상태를 드러냅니다. 이처럼 비판 기능을 상실한 매체라면 미래가 없다고 봅니다.

같은 이유로 TV 또한 위기라고 판단합니다. 저는 TV를 안 본 지가 벌써 몇 년째인데, 주변의 젊은 사람도 대부분 'TV는 안 본다'고 말합니다. 얼마 전 동네에 젊은 부부가 이사 왔는데 "거치적거려서 TV는 버리고 왔어요."라고 하더군요. 안 본다기보다 TV수상기 자체를 들이지 않습니다. 꼭 보고 싶은 프로그램이 있으면 PC나 휴대전화로 볼 수 있으니까요. TV 전용 수상기가 필요 없어지는 추세를 보면서 저는 민영방송의 비즈니스 모델(광고를 내보내는 대신 콘텐츠를 무상으로 제공)이 붕괴 과정에 들어갔다고 생각했습니다.

앞서 잡지를 언급할 때도 말이 나왔지만, 많은 예산을 투입해야 콘텐츠를 제작할 수 있는 모델은 살아남기가 어려워졌습니다. 조직이 커지면 콘텐츠 제작보다 조직 유지에 막대한 비용이 들어갑니다. 아무것도 만들지 않는 관리 부문이 비대해져 프로그램 제작비에 부담을 줍니다. 결과적으로 콘텐츠가 빈약해지죠. 그런 콘텐츠라면 광고가 붙더라도 기업 이미지가 높아지거나 상품 매출이 늘어나지 않습니다. 그러면 광고주는 더는 광고를 주지 않으려고 하겠죠. 다시 방송사는 광고료를 낮추고 광고를 늘립니다. 5분에 한 번꼴로 중간 광고가 들어가 프로그램의 맥이 끊기죠. 돈이 없다 보니 제작비가 적게 드는 제휴 또는 이벤트성 기획만 늘어납니다. 여행이나 맛집 프로그램, 퀴즈쇼를 비롯해 연예인 예능 프로그램을 만드는 겁니다. 시청자가 TV에 등을 돌리는 이유가 여기에 있습니다. 이런 악순환이 시작된 지 이미 오래입니다.

TV를 볼 때 미디어로서 비판적 기능을 기대하는 사람이 얼마나 될까요? 'TV가 아니면 할 수 없는 일'을 의식하고 프로그램을 만드는 제작진은 얼마나 있을까요? 물론, 소수이긴 하지만 있기는 있습니다. 'TV 시대는 끝났다'고 말하는 저 같은 사람에게도 방송 출연을 의뢰하거나 프로그램 기획에 의견을 듣고자 찾아오는 사람이 있으니까요. 저는 그들에게서 예외 없이 강한 위기의식을 느낄 수 있었습니다. 하지만 그들이 내놓는 기획은 좀처럼 통하지 않습니다. 그들을 보자면 마지막 전투에 장렬하게 임하는 느낌이 듭니다. 응원하지만, 기사회생의 기미는 보이지 않죠.

오늘날 대중매체가 힘을 잃은 이유는 이번 장 모두에서 언급했던 주간지 사례에서 볼 수 있듯이 저널리스트 자신이 '정말로 말하고 싶은 것'이 아니라 '독자나 시청자가 좋아할 만하다고 생각한 것'을 보도해온 데 있다고 생각합니다. '이렇게 쓰면 좋아할 거야'라는 생각은 봉사하는 마음 자세라고 볼 수 없습니다. 오히려 메시지 수신자의 지성을 얕보는 태도입니다. "그 녀석들은 이런 걸 좋아하잖아(바보들이니까)."라고 생각하는 건 매우 오만한 착각입니다.

지금 일본 언론에는 그런 냉소적 태도가 만연한 듯합니다. 표면적으로는 살갑게 웃음을 보이지만, 밑바닥에 흐르는 허무와 냉소의 느낌을 지울 수 없습니다. 결국, 전체적인 분위기에 스며들어 대중에게도 전달되겠죠. 현재 일본 사회 어디서나 감지할 수 있는 허무적이고 냉소적인 분위기는 어느 정도 대중매체에서 종사하는 사람들이 발산한 것이라고 생각합니다.

웃기면 '하하하' 하고 큰소리로 웃죠. 화나면 '부글부글' 끓죠. 슬프면 '엉엉' 웁니다. 이제는 이렇게 단순하고 직설적인 감정표현을 좀처럼 볼 수 없습니다. 모든 메시지가 (다른 의미로) 이중삼중 함축되고 코팅돼 있습니다.

인터넷 공간에서 이상하리만큼 자주 쓰이는 'w'[4]기호에는 자신이 발신하는 모든 메시지를 '왜곡된 웃음'으로 숨기려는 발신자의 바람이 담겼습니다. 왜 하고 싶은 말을 할 때마다 빠짐없이 'w'를 남발해 자기 말을 은폐하는 걸까요. 그들은 그 이유를 생각해본 적이 있을까요. 아마 없을 겁니다.

그런 쓸데없는 짓을 하는 이유는 자기 생각을 직접 드러내는 걸 부끄러운 일로 여기고 또한 남에게 약점 잡힐 만한 빌미라고 생각하는 데 있습니다. 그들은 그런 시대 분위기를 성찰 없이 그대로 수용합니다. '남에게 자기 욕망을 드러내는 행동'을 병적으로 두려워합니다. 이건 지금 우리 시대에 나타난 징후라고 할 수 있습니다.

일본 대중매체의 앞날은 어떻게 될까요? 저는 상당히 비관적으로 봅니다. 전국지와 민방TV는 머지않아 비즈니스로서는 유지하기 어려울 겁니다. 반면에 저예산으로 규모는 작지만 질 높은(요컨대 제작자 '자신이 정말로 만들고 싶은') 콘텐츠를 제공하는 매체는 살아남으리라고 봅니다.

신문도 지방지는 살아남을 겁니다. 일전에 오키나와에 갔을

---

4) 한국에서 주로 'ㅋㅋ' 또는 'ㅎㅎ'에 해당하는 이모티콘.

때 알게 됐는데, 오키나와는 『류큐신보(琉球新報)』와 『오키나와 타임스』가 미디어 시장을 양분하고 있고 『닛케이(日経)』가 6,000 부 발행으로 그 뒤를 따르고 있습니다. 다른 지역으로는 독자적 입지를 구축하고 있는 『가나가와 신문』이나 『시나노 마이니치 신문』, 『홋카이도 신문』 등이 살아남으리라 봅니다. 반복해서 하는 말이지만 '그런 예측'의 근거는 해당 신문을 안정적으로 지원해주는 일정한 규모의 독자층이 있기 때문입니다. 이들 신문은 '판매 향상'을 위해 마음에도 없는 기사를 쓸 필요가 없습니다. 그래서 변함없이 지속할 수 있을 겁니다.

대중매체(매스미디어) 시대가 저물면 그 빈자리를 중간매체(미들미디어)가 대신하지 않을까요. 매체는 인터넷 중심으로 재편되겠지만, 그럴 때 정보의 신뢰성을 판별할 수 있는 미디어 리터러시[5]가 반드시 수반돼야 합니다.

인터넷의 난제, 거짓 정보 발신

인터넷의 난제는 어떤 거짓이라도 가짜 뉴스로 발행할 수 있

---

5) media literacy : 다양한 매체를 이해하고, 다양한 형태의 메시지를 분석하고 평가하고 의사소통하는 능력. 단순한 기술의 습득이 아니라 미디어 산업이나 일반적인 미디어 내용의 패턴, 매체 효과와 관련된 지식구조의 습득을 뜻한다.

다는 겁니다. 가짜 뉴스는 '그런 이야기'를 듣고 싶어 하는 독자에 의해 순식간에 마치 '진실'인 것처럼 전 세계로 퍼져나가 돌이킬 수 없는 상태가 됩니다. 이처럼 사회에 큰 영향을 미친다는 점이 온라인 매체의 최대 단점입니다.

온라인으로 오가는 정보의 진위는 판별하기가 매우 까다롭습니다. 종래의 활자 매체라면 복수의 단계를 거치는 교열 과정이 있습니다. 이와나미쇼텐(岩波書店)이나 신초샤(新潮社)처럼 교열을 엄격하게 하는 출판사나 전국지 신문이라면 '명백한 허위'를 게재하는 사례는 거의 찾아볼 수 없습니다.

만약 그런 일이 일어나면 기사를 쓴 기자는 물론이고 잘못을 바로잡지 못한 교열 책임자나 데스크까지 철저한 조사의 대상이 됩니다. 오보나 허위보도 행위에는 사적인 개인으로서 책임을 져야 하고, 경우에 따라서는 징계나 퇴사의 부담이 따릅니다. 다시 말해 구시대 매체에서 **저널리스트 개인은 자신에게 부여된 가상성(可傷性)[6]을 염두에 두고 신뢰할 만한 콘텐츠를 만들었습니다.**

그런데 온라인에서는 발신자가 누구인지 특정할 수 없습니다. 누구나 익명으로 정보를 업로드할 수 있습니다. 그러니까 구시대 매체에서는 콘텐츠 신뢰도를 담보할 수 있게 '발신자의 신원'을 밝히지만, 온라인 미디어에서는 그럴 필요가 사라진 겁니

---

6) 타인에게 피해를 줄 수 있는 여지.

다. 아무런 제약이나 제재 없이 원하는 것을 발신할 수 있습니다. 그렇다 보니 그런 극단적인 '언론자유'가 역으로 정보의 신뢰성을 훼손하고 있습니다. 참으로 아이러니한 상황이 아닐 수 없습니다.

그런 연유로 온라인상에서 가장 치명적 공격은 익명의 발신자 신원을 밝히는 작업('신상털기')이 됐습니다. 오보나 허위보도 또는 비열한 행위나 반사회적 태도에 책임을 져야 한다면서 인터넷상에 개인의 신상정보를 공개해버립니다. 그때까지 누려온 익명의 발신 특권을 빼앗는 겁니다.

'신상털기'가 유효한 처벌로 작동한다는 말은 온라인상이라도 사람들은 '발언자는 실명을 밝히고 개인으로서 결과를 책임져야 한다. 그래야 허위보도·오보·폭언의 발신을 억제할 수 있다'는 기본적 법칙을 이해하고 있다는 뜻입니다.

따라서 온라인 미디어는 앞으로 가짜뉴스나 거짓 정보가 유통되지 않게 정보 하나하나를 책임질 고유한 개인 실명을 밝히게 하는 게 어떨까 싶습니다. 정보의 진위를 판별할 때 기준이 될 수 있어 필요한 일이라 생각합니다.

그렇다고 실명을 밝힌 자만이 반드시 진실을 말하고, 익명이면 무조건 거짓을 늘어놓는다는 뜻은 아닙니다. 다만, 거짓으로 밝혀졌을 때 처벌을 감수할 책임 주체를 미리 명시해둔다면 글을 읽는 사람이 진위를 판별하고자 할 때 하나의 기준이 될 겁니다.

미디어 리터러시의 중요성

　내용의 진위 파악은 기계적으로 처리할 수 없습니다. 미국 매체들이 하는 '팩트체크'(공인의 발언 내용이 어느 정도 진실인지 따지는 행위)는 기자들이 수작업으로 합니다. 그래서 지극히 한정된 공인의 특정 발언에만 적용합니다. 원래 팩트체크에 방대한 인적 자원을 투입하는 일은 저널리즘의 본령이 아닙니다. 정치인이 자신의 정치적 신념과 관계없이 '거짓말은 하지 않는다'는 기본 윤리를 지킨다면 하지 않아도 되는 작업이죠.

　하지만 인제 와서 새삼스럽게 "거짓말은 하지 말아주세요."라고 말할 수도 없으니 우선은 자력으로 온라인상에서 오가는 정보의 진위를 판별해야 합니다. 불량 정보와 가치 있는 정보를 선별하는 메커니즘을 스스로 만들어야 합니다.

　방법이 있다면 '신뢰성 높은 1차 정보'를 발신하는 사람과 접촉해 직접 소스를 받아내는 겁니다. 물론 어렵기는 마찬가지입니다. 정치계에서는 그야말로 정부 부처 내부인이나 정당의 핵심 인물이 아니라면 그런 정보를 발신할 수 없을뿐더러 자칫하면 기밀누설로 몰려 처벌받을 위험이 있으니까요.

　더 현실적으로는 '1차 정보 발신자가 아니지만, 고급 정보를 아는 사람'을 접촉하는 방법이 있습니다. 그 사람이 내뱉는 말이 딱히 비밀 정보가 아니더라도 미디어 리터러시가 높으면 왕래하는 정보에서 '신뢰성이 높은 것'과 '정크'를 구분할 수 있습니다. 따라서 그런 사람을 '2차 정보의 허브'로 삼는 겁니다.

미디어 리터러시란 정보의 진위를 판별할 정도로 사정에 밝은 것을 일컫는 말이 아닙니다. 우리는 대부분 정보의 진위를 곧바로 알 수 있을 만큼 지식을 갖추고 있지 않습니다. 국제정치나 경제의 미래도 마찬가지지만, 서평이나 영화평도 그것이 맞는 주장인지 아닌지 자기 지식을 바탕으로 판단하기는 어렵습니다.

하지만 '충분한 지식이 없어도 그것을 말하는 사람이 믿을 만한지 아닌지 정도'는 판단할 수 있습니다. 화제가 된 이야기의 진위나 평가 여부는 모르지만, 그걸 말하는 사람을 신뢰할 만한지 아닌지는 알 수 있다는 겁니다. 인간에게는 그런 능력이 있습니다.

미디어 리터러시를 갖췄다는 건 지식이 많다는 뜻이 아닙니다. 지식은 없어도 진위를 판별할 수 있어야 합니다. 우리가 할 수 있는 일은 '뭔가를 말하는 사람의 신뢰성을 가늠하는 것'인데 우리는 그동안 나름대로 남들과 의사소통 경험을 쌓아왔기에 충분히 가능한 일입니다.

상대를 잘 알고 있다면, 우리는 그가 지금까지 해왔던 발언의 '진실 함유량' 통산 타율 데이터를 갖고 있습니다. '그쪽 분야에서는 비교적 정확한 정보를 발신해왔지만, 다른 분야에서는 틀리는 경우도 많았다'는 식으로 말이죠. 그런 경험을 적용하면 됩니다.

설령 그러지 못하더라도 우리는 '왠지 믿을 수 없는 녀석이야'라든가 '그 사람은 믿을 만하지' 같은 직감적 판단을 내립니다. 일상에서 흔히 경험하죠. 그런 직감적 판단의 적중률을 근거로 그 사람은 사람 보는 눈이 있다거나 혹은 없다고 말합니다.

'사람을 보는 눈'이란 그 사람과 관련한 충분한 정보가 없더라도 어느 정도 신뢰할 만한 인물인지, 얼마나 실력을 갖춘 인물인지, 어떤 일을 맡기면 좋을 인물인지를 '아는' 능력을 말합니다. 그러나 그런 '인물 감별법'은 안타깝게도 어디서 배울 수 있는 성질의 것이 아닙니다. 매뉴얼도 가이드라인도 없습니다. 그저 남에게 호되게 당하거나 겪으면서 몸으로 익힐 수밖에 없습니다.

지금과 같은 이행기에 우리가 의지할 수 있는 것은 미디어 리터러시뿐입니다. 과거처럼 신뢰성 높은 전국지 신문이나 공영방송이 있는 시대라면 미디어 리터러시 능력을 스스로 계발할 필요가 없었습니다. 하지만 지금은 그런 능력을 스스로 길러야 합니다. 세상에서 진짜로 무슨 일이 일어나고 있는지 알고 싶다면 말입니다.

앞으로 미디어 테크놀로지 분야에서 **정보의 진위 판정을 객관적인 형식으로 담보할 수 있는 기술**이 개발되리라 예상합니다. 반드시 그렇게 될 겁니다. 누군가 천재적인 혁신가가 나타나서 정보의 진위를 인간의 감으로 판단하는 게 아니라 기계적으로 처리하는 알고리즘을 개발하지 않을까 생각합니다. 말하자면 명백한 사실 왜곡이나 허위 데이터 수치 등을 논거로 삼아 추론해온 사항에는 '신뢰도 낮음'이라는 태그를 붙이도록 코딩하는 겁니다. 또한, 논점을 피해가며 궤변을 늘어놓는 전형적인 패턴을 자주 보이는 사람이나 그런 사람의 발언을 반복해서 인용하는 사람에게도 신뢰도 낮음 태그를 붙이는 방식이 가능하지 않을까 싶습니다. 키워드를 검색했을 때(아무리 인용된 횟수가 많더라도) 신뢰도가 낮은 사람이나 인터넷 사이트가 발신한 정보에는 '허위 사실이 많으므로 주의 바람'이라는 태그가 붙게 하는 겁니다. 그 정도는 현재 기술로도 충분히 가능하다고 생각합니다.

이런 형태로 온라인 커뮤니케이션의 신뢰도를 기술적으로 향상할 수 있습니다. 만약 이런 아이디어가 실현된다면 미디어의 존재 방식도 완전히 달라지겠죠. 물론 현재로서는 앞으로 어떻게 될지 예측하기가 매우 어려운 상황이지만, 언제나 그래왔듯이 궁극적으로는 인간의 따뜻한 숨결과 체온을 전달하는 매체가 신뢰받고 살아남을 겁니다, 반드시.

제14장
—
탈사정(査定)
어떻게 살 것인가

평가를 원해 도시로 향하는 젊은 세대

지방 출신 젊은이가 도쿄로 향하는 이유는 일자리 찾기가 쉬워서만은 아닙니다. 설령 지역에 좋은 일자리가 있어도 젊은이는 도시에서 살기를 원합니다. 왜냐면 자기 능력을 제대로 평가받고 싶기 때문입니다. 여기서 키워드는 '평가'입니다. 그들은 객관적이고 정밀도 높은 평가를 간절히 바랍니다.

현대의 일본 젊은이는 어릴 적부터 줄곧 학교 성적이나 편차치로 평가받아왔습니다. 운동 실력이 뛰어나면 현(縣) 대회, 전국 고교대회, 전국 대회 등 출전할 수 있는 대회의 수준과 성적으로 측정되죠. 이렇게 누구에게나 명백히 객관적이고 일률적인 순위로 평가돼왔습니다.

그런데 대학을 졸업하는 순간, 자신이 서 있는 위치나 사회적 등급을 잘 알 수 없게 됩니다. 정체성이 흔들리는 거죠. 그래서 그들은 객관적인 평가를 받을 수 있는 곳으로 향합니다. 그곳이 바로 도시입니다.

물론 그들이 도시에 끌리는 이유는 활력 있는 도시생활이나 건조한 인간관계에도 있겠지만, 숨겨진 중요한 이유 중 하나는 '도시에서 생활하면 자신의 자질이나 재능을 적절하게 평가받을 수 있다'는 기대입니다.

그렇게 일본 전역에서 '그 일에는 내가 딱이지!'라면서 야심

찬 젊은이들이 도시로 모여듭니다. 도시에서는 경쟁이 치열하고 자원 배분을 위한 평가도 엄격하죠. 그렇지만 고향 마을에서는 자기 재능에 대해 은근히 자신감이 있었더라도 그건 어쩌면 '우물 안의 개구리'가 아니었을까 하는 생각에 불안해합니다. 그래서 설령 낮은 평가를 받는 일이 있더라도 정확한 사정 평가를 원하는 겁니다.

제가 볼 때, 지나칠 정도로 '객관적 평가를 원하는' 모습이 현재 젊은 세대의 두드러진 특징입니다. 재능 있는 청년일수록 **평가받기를 열망**합니다. 지역에서 성적이 좋고 인기도 많아 높은 등급을 받은 사람일수록 더욱더 '엄격한 평가'에 목말라합니다. 마치 기업이 신용평가회사에서 AAA 등급이나 AA 등급 받기를 바라는 듯이 그들도 점수를 받고 싶어 하죠. 같은 세대 100만 명 가운데 내가 몇 등인지, 어느 정도 직급과 연봉을 받을 수 있는지, 어느 정도의 생활 수준을 목표로 해야 할지, 어느 정도 수준의 배우자를 만날 수 있을지, 그런 모든 걸 궁금해합니다. 결과가 좋든 나쁘든 상관없이 일단 알고 싶어 합니다. 자기 등급을 모르면 뭘 해야 좋을지도 모릅니다. 내가 '뭘 하고 싶은지'가 아니라 '뭘 해야 좋을지', '뭘 목표로 삼아야 좋을지'를 알고 싶을 뿐입니다.

'평가받고자 하는 욕망'이 젊은이를 도시로 향하게 합니다. 그렇다고 그들이 모두 야심에 사로잡혔거나 자신감이 넘치는 건 아닙니다. 게임을 시작하기 전에 먼저 자기 레벨을 알려달라는 겁니다. 메이저리그에서 뛸 수 있는지, 아니면 프로 2군 수준인지, 그것도 아니면 일반인 리그나 고교야구 수준인지, 그걸 먼저 알고 싶은 겁니다. 노력도 하기 전에 노력의 한계부터 알고 싶어 하는 셈이죠.

지방보다 수도를, 로컬보다 글로벌을 동경하는 이유는 딱히 세계를 무대로 뛰고 싶어서가 아닙니다. 지금 사회에서 자신이 서 있는 객관적 위치가 궁금한 겁니다. 내가 어느 곳에서 어느 정도로 쓰일 수 있는지 알고 싶어 하는 지적 욕망이 이들을 도시로 향하게 합니다.

그래서 야심이 있는 젊은이일수록 도쿄, 그것도 생존을 위한 경쟁률이 높은 업계를 꿈꿉니다. 능력이 뛰어난 사람이 모인 곳으로 뛰어들죠. 같은 능력을 발휘했을 때 양적 차이가 두드러지는 직종으로 빨려드는 겁니다. 결과적으로 정확한 등급 판정을 원하는 **청년들은 되도록 많은 사람이 종사하는 일을 전문 직종으로 여기며 선호합니다.**

실제로 현대 일본 사회에서 활력이 사라지는 이유가 바로 여기에 있습니다. 능력 있는 청년이 '나만이 할 수 있는 일'에는 별로 관심이 없고, '이미 다른 사람들이 하고 있는 분야에서 내 순위는 어느 정도인지'를 우선으로 고려합니다. 그 결과, **경쟁이 치열할수록 사회의 활기가 사라지는 역설적 현상이 빚어졌습니다.**

어찌 보면 당연한 일입니다. 등급 판정의 정밀도는 샘플 수량에 비례합니다. 같은 일에 종사하는 사람이 많을수록 등급의 정확도가 높아지니까요. 따라서 정밀도가 높은 평가를 원한다면 '모두가 몰두하는 일'을 찾으면 됩니다. 예컨대 TOEIC의 경우 응시하는 사람이 많아서 평가의 정밀도가 올라가는 것처럼 말입니다. 하지만 그처럼 정밀도가 높은 객관적 평가를 바라는 사람이 많아질수록 해당 집단의 다양성은 사라집니다. 규격화한 청년, 호환성이 높은 청년들만 넘쳐나겠죠.

현대의 젊은이가 기질적으로 평범해서 규격화·동질화하는 것은 아닙니다. 자신의 정확한 사회적 위치를 알고 싶어 하는 한결같은 바람으로 그들 스스로 다른 이들과 수치적 차이 이외에는 구분하기 어려운, 말하자면 개체식별 불능상태로 나아가기 때문입니다.

그 결과, 젊은층의 일자리 환경이 열악해졌습니다. 사용자가 그토록 일방적으로 임금을 낮출 수 있었던 이유는 '고용 없는 경제성장'이라는 자본주의 말기 현상에서 찾을 수도 있겠지만, 무엇보다 그런 추세에 젊은 노동자가 아무런 저항도 하지 않았다는 데에도 있습니다. 오히려 그들 스스로 규격화를 수용해서 언제나 호환 가능한 노동자가 돼버린 탓이라 하겠습니다.

'호환성이 높다'는 말은 '너 말고도 일할 사람은 많아!'라는 말과 같습니다. 고용주가 고용 조건을 낮출 때 써먹는 결정적인 말이죠. 그런데도 젊은층은 자신의 능력치에 기대를 품고 객관적이고 정밀한 평가를 바라면서 스스로 개체식별이 어려울 정도로 비슷한 집단에 자진 등록하고 있습니다.

지방으로 향하는 청년들은 아마도 '평가를 바라는 청년'과 상반된 방향으로 나아가는 게 아닐까 싶습니다. 평가를 원하는 사람과 평가를 피하는 사람의 차이는 재능이나 사회적 소통 능력에 있지 않습니다. 평가를 피하는 사람은 '자신의 천성'과 '변할 여지 없음' 사이 어딘가에서 있는 게 아닐까 생각합니다. 제가 그랬기에 알 수 있습니다. 어릴 적부터 그랬습니다. 매를 맞거나 꾸지람을 들어도 말을 곧이곧대로 듣지 않았고, 한번 시작하면 미련을 남기지 않았습니다. 부모님은 제가 다섯 살이 되기 전부터 타츠루에게는 무엇을 말하든 소용없다는 걸 아셨을 거예요. 그때부터 웬만하면 제게 이래라저래라 하지 않으셨으니까요.

저도 알고 있었습니다, '좋은 것도 나쁜 것도 없다. 타고난 개성으로 살아갈 수밖에 없다'는 걸. 그랬기에 저는 사정 평가가 전혀 탐탁지 않았습니다. 다른 사람과 '똑같은 것'을 동시에 펼쳐 승패나 우열을 가리는 일에 근본적으로 흥미가 없었습니다. '그런 걸 뭐하러 해'라고 생각했습니다. 평가를 피하는 사람은 아마 그런 부류가 아닐까 싶습니다.

순위 경쟁을 거부하는 청년들, 지역으로 가다

3·11 동일본 대지진 후 원자력발전소 사고를 피해서 지방으로 간 젊은이가 많습니다. 저도 몇 명 알고 있습니다만, 그중에는 '얼마나 빨리 빠져나왔는지' '얼마나 멀리 피해서 왔는지' '얼마나 철저히 도쿄와 연을 끊었는지' 따위를 자랑하듯이 말하는 사람은 없었습니다(없는 게 당연하죠). 그들은 하나만의 '척도'로 타인과 우열을 가려 일희일비하는 삶에서 의미를 찾지 못했던 겁니다. 그런 젊은이들이 도쿄를 떠났습니다.

기억하실지 모르겠지만, 3·11 직후 도쿄를 탈출한 사람 중에는 마땅히 갈 곳이 없어 일단 시즈오카쯤에서 머물던 난민이 꽤 있었습니다. 그들은 역 앞 비즈니스호텔에서 묵으며 보름 정도 TV 뉴스를 보면서 생활했습니다.

저도 들은 이야기이지만, 3월 12일에서 13일 사이 호텔에 투숙한 사람끼리는 금세 친해져 함께 모여 뉴스를 보거나 각자의 사정을 털어놓거나 생활용품을 서로 빌려주기도 했다고 합니다. 그런데 그 후에 온 '후발대'는 완전히 '다른 인종'이었습니다. 호텔 방에 틀어박혀 지내면서 누구와도 소통하지 않았다고 합니다. 도대체 그들 '피난민' 사이에 왜 그런 차이가 있었는지, 화제가 됐던 적이 있습니다.

최초의 피난민 그룹은 아마 직감적으로 행동한 사람들이었을 겁니다. 지진이 일어나고 원전사고 뉴스가 단편적으로 흘러나오자 부리나케 도쿄를 빠져나왔습니다. 동물적 직감에 따른 것이죠. 그러나 후발대는 조금 달랐습니다. 이런저런 정보를 취합하고 나서 '잠시 도쿄를 떠나 있는 게 좋겠다'고 판단한 거죠. 합리적 추론의 결과입니다. 물론 그런 추론 자체는 옳았다고 생각합니다. 하지만 직감으로 움직이는 사람과 합리적 추론을 따르는 사람 사이에는 역시 미묘한 차이가 있습니다. 누가 좋고 나쁘다고 말하려는 게 아닙니다. 단지 사람이 다른 겁니다.

저는 3월 12일에 「소개[1]해야 할 때」라는 글을 블로그에 올렸습니다. 도쿄에 사는 사람 중에서 특히 노인, 유아, 학생과 보호자는 긴급한 용무가 없다면 각자의 '연고지'를 찾아 도쿄를 떠나는 게 좋다고 조언했습니다. 그러자 당시 민주당 관계자가 제게 연락해서 "민심을 선동하는 글은 올리지 말아 달라."라고 했습니다. 도쿄 도민의 소비 활동이 위축될 우려가 있다는 거였죠. 저는 '목숨'을 이야기했는데, 그들은 '돈' 걱정을 하더군요. 그런 시각차에 경악했던 일을 잊을 수 없습니다.

저는 직감적으로 당장 '피해야 한다'고 생각했지만, 피하는 걸 '득실로 따지는' 사람도 있었습니다. 직감과 논리의 작동은 미묘하게 다릅니다. 일치할 때도 있지만 서로 어긋날 때도 있죠.

---

1) 疏開 : 공습이나 긴급 재난 시 피해를 대비해 사람이나 자원을 분산시키는 것.

여하튼 판단이 요구될 때에는 직감 쪽이 빠릅니다. 경우에 따라 다르긴 하지만, 근소한 시간 차에 목숨이 달리기도 합니다.

제 친구이자 작은 출판사 '미시마샤'의 대표 미시마 구니히로는 도쿄 지유가오카에 사무실을 두고 있었습니다. 그런데 동일본 대지진 후 직원 앞에서 '교토 이주'를 선언하고 가족과 함께 교토로 이주하라고 '명령'했습니다. 그로부터 몇 년 동안은 도쿄와 교토 두 군데 사무실을 오가며 일했지만, 최종적으로는 교토 사무실로 일원화했습니다. 미시마 대표의 결단이 옳았는지는, 저도 모릅니다. 아마 직원들도 잘 모를 겁니다. 확실한 건 '어떻게 하는 게 좋을지 모를 때는 직감을 따른다'는 미시마 대표의 스타일이 그 후 출판 사업에서 하나하나 참신한 아이디어로 발현돼 성공으로 이어졌다는 사실입니다.

아마도 3·11 이후 지방 이주를 선택한 사람들은 미시마 대표와 같은 유형이 아닐까 조심스레 추측해봅니다. 이들은 중요한 일을 직감으로 결정하죠. 그렇다고 그들에게 '증거를 보여 달라'거나 '합리적 근거를 대라'고 따져 물어도 소용이 없습니다. 팔짱을 낀 채 '아무튼 그렇게 하기로 정했으니 무조건 가자!'라며 '완고'한 자세로 고집을 부리는 스타일이 아닐까 싶습니다 (잘 모르겠지만).

그런데 제가 직접 만나보니 지방으로 향하는 젊은이들에게는 무엇보다 '평가받기를 원치 않는다'는 공통점이 있었습니다.

사정 평가 욕망이 희박하고 남들과 승패 우열 가르기에 흥미가 없더군요. 아마도 그들은 어릴 적에도 윗사람이 '네 사회적 위치는 이 정도야'라고 평가하면 좀처럼 수긍하지 않았을 겁니다.

오히려 자기가 '하고 싶은 일'이 분명해서 사회적 등급에 따라 '선택할 수 있는 일'과 '선택할 수 없는 일'을 구분하는 결정을 받아들이지 않았을 테죠. '내가 하고 싶으면 하고, 하기 싫으면 안 하니까 상관하지 마!' 이걸로 끝입니다. 자기 판단을 두고 '객관적으로 타당하다는 것'을 증명하거나 시비를 따지는 일에는 별로 관심 없죠.

그들이 그런 건 태생적으로 개성이 강할 수도 있고, 가족의 영향일지도 모릅니다. 가족에게서 전폭적인 지지와 사랑을 받고 자란 아이는 자기 모습 그대로 부모에게서 사랑과 인정을 받았던 '성공 체험'이 몸에 새겨졌기에 평가나 등급을 받는 일에 그다지 연연하지 않습니다. 반대로 부모가 "그거 하면 인정해줄게" 하면서 이익을 유도하는 식으로 아이를 키운 경우에는 사정이 다릅니다.

아이가 기울인 '노력'의 대가로 사랑과 긍정을 보내는, 마치 상거래 같은 육아 방법이 합리적이라고 생각하는 부모를 종종 보게 됩니다. 확실히 그런 육아 방식이라면 어릴 적부터 아이에게는 '노력하면 얻을 수 있다'는 사고가 생기겠죠. 그런 아이들은 학교 시험 같은 단순한 '시련'에는 강합니다. 학교 성적은 들인 노력에 따라 결과가 나오니까요. 노력한 만큼 보상받을 수 있습니다. 따라서 아이들은 '세상은 합리적으로 돌아간다'고 생각합니다.

거기까지는 좋습니다. 그러나 현실 세계는 그렇게 합리적이지 않습니다. 노력과 성과가 일치하는 영역은 지극히 한정적이죠. 공부도 어느 수준에 도달하면 '아무리 발버둥 쳐도 따라잡을 수 없는 천부적 재능의 벽'을 만나게 됩니다. 운동도 마찬가지로 고등학생이 국가대표급 선수와 맞서게 될 때 노력만으로는 당해낼 재간이 없습니다. 연애나 취업도 마찬가지고, 출세나 사업도 똑같습니다. '노력해도 보람이 없는' 때가 흔하고 '노력하지 않았는데(혹은 그렇게 보이는데) 보상받는' 때도 있습니다.

그런 좌절의 경험이 청년들을 '노력과 성과가 상응하는 경쟁'으로 향하게 합니다. 따라서 딱히 하고 싶어 하는 일은 아니지만, 노력한 만큼 순위에 오르는 단순 게임에 끌리는 거죠.

예전에 문하생 한 명이 독립해서 어린이 합기도 도장을 차린 적이 있습니다. 시작할 무렵 제게 상담받으려 찾아와 자기 도장에서 만든 '급'을 적용해도 괜찮은지 물었습니다. 아이들을 독려할 수 있다면 그것도 좋겠다며 찬성했습니다. 합기도는 5급부터 시작이라 그 도장은 10급부터 6급까지 단계를 만들어 진급하게 해줬다고 합니다. 그런데 1년쯤 지난 뒤에 다시 찾아와서 하는 말이 '부모들이 급을 더 세분화해달라고 요청해서 급을 더

나눴다'고 했습니다. 각 급을 다시 A, B, C 3단계로 나눠 10급의 C단계부터 6급의 A단계까지 모두 15단계로 구성한 거죠. 그때 저는 매우 놀랐습니다.

무도를 연마함으로써 얻을 수 있는 심신의 변화는 아날로그적입니다. 키가 커진다든지 골격이 튼튼해진다든지, 또는 식사량이 늘어나거나 잠을 잘 자거나 자세가 좋아지거나 목소리가 커지면서 아이가 나날이 달라지면 부모는 곧바로 알 수 있습니다. 하지만 이런 아날로그적 변화로는 만족하지 못하는 것 같습니다. 매월 수업비를 내는 만큼, 그 '교육 투자'가 수치로 표시되는 '성과'로 나타나야만 이해하는 거죠. 모르긴 해도 그런 부모가 점점 늘어나지 않을까 합니다.

지금 부모들이 교육에서 가장 원하는 것은 아이에게 노력에 따른 성과를 보장하고, 성과는 수치로 확인할 수 있는 환경인 것 같습니다. 그런 환경이라면 부모도 아이도 '하고 싶은 걸 한다'거나 '결과에 상관없이 한다'거나 '우열이나 승패와 관계없이' 시도해보는 삶의 방식은 좀처럼 자리 잡을 수 없습니다. 현재 일본 사회의 활력이 심각할 정도로 약해진 이유가 여기에 있다는 말은 해두고 싶습니다. 앞서 서술했듯이 지난 25년, 일본의 학술적 성과는 극적이리만치 후퇴했습니다. OECD 최하 수준을 계속 밑돌고 있죠. 그런 통계 수치는 제도권이 아이들에게 '모험심'을 금지해온 풍토와 관련이 깊다고 생각합니다.

그렇다고 모두가 모험적일 필요는 없습니다. 모험가가 너무 많아도 곤란하겠죠. 하지만 어느 정도 비율로는 '하고 싶은 일을 시도'하거나 '결과에 상관없이 시도'하는 사람이 있어야 사회는 활력을 유지할 수 있습니다.

지방으로 이주하는 사람들이 일본 사회에 진보를 이뤄낼지는 미지수입니다. 하지만 그들은 대안적인 방식으로도 얼마든지 살아갈 수 있다는 사실을 동시대 사람들에게 보여주고 있습니다. 그럼으로써 사회의 폐쇄적인 분위기에 새로운 바람을 불어넣고 있습니다.

직업을 택하려면

사람은 무엇을 얻으려고 일할까요. 한마디로 말하자면 자신의 성장이라고 할 수 있습니다. 일의 진정한 의미는 자신의 '변화'에 있습니다. 일을 통해 견문을 넓히고, 친구를 사귀고, 감수성을 높이면서 인간적 깊이를 갖추는 활동이 무엇보다 중요합니다. 그것이 일의 본질이라고 생각합니다. 여러분도 이 점을 항상 염두에 놓고 직업을 선택했으면 좋겠습니다.

지방으로 이주해도 내가 잘 적응할 수 있을지, 내게 맞는 일을 찾을 수 있을지 등 여러 가지 걱정으로 불안할 겁니다. 그럴 때 반드시 '일이란 도대체 무엇일까?'라는 근본적인 질문에 맞닥뜨리게 됩니다.

노동이란 무엇인가, 시장은 뭐고 화폐는 무엇인가. 자본은 또 뭐고 부가가치란 무엇인가 같은 일련의 질문은 '남과 똑같이 임금노동'을 계속하는 한 절대로 생생하게 제기되지 않습니다. 그런 근본적 질문과 마주한다는 것은 매우 좋은 일입니다.

물론 곧바로 대답하기는 어렵습니다. 몇 년이 지나도 해답을 찾지 못할 수 있습니다. 하지만 그걸로도 충분합니다. '근본적 질문'이 우리에게 바라는 것은 답을 채우지 못한 빈칸에 밑줄을 그어놓는 일입니다. 그러면 언젠가 '어라? 혹시 이거 아닐까?' 하면서 불쑥 대답이 튀어나올 수 있기 때문이죠.

대답을 얻으면 그대로 '파일'처럼 저장됩니다. 그러나 '해답을 찾지 못한 질문'은 바탕화면에서 여전히 커서를 깜박입니다. 바로 그 '어려운 질문'이 우리의 지적 활동을 활성화 상태로 유지합니다.

누군가가 '난 모르는 게 없다'며 허세를 부리고, 모든 질문에 바로바로 대답할 수 있다고 말한다면 그는 이미 지적으로 '끝난' 사람입니다. 그런 사람에게는 지적인 기반을 새롭게 마련할 기회가 찾아오지 않습니다.

'지적'이라는 말은 만사에 정통하다는 의미가 아닙니다. 뭔가를 알게 하는, 자신만의 메커니즘(이는 동시에 뭔가를 간과하게 하는 메커니즘이기도 합니다)을 주의 깊게 들여다보고, 만약 그 메커니즘에 오류가 있다면 곧바로 수정하는 전환 능력과 복원력을 갖춘 상태를 말합니다.

지성을 갖추는 가장 효과적 방법은 '쉽게 대답할 수 없는 질문'을 안고 살아가는 겁니다. 다시 말해 언제나 '목에 가시가 걸린 것처럼 처리하지 못한 기분'을 유지하면 도움이 됩니다. '시원찮게 그게 뭐야'라고 말할 수 있겠지만 인생이란 게 원래 그런 겁니다.

포스트 자본주의 시대, '나의 역할'을 찾아가는 청년들

젊은 층은 앞으로 우리 사회구조가 짧은 시간 안에 급변하리라 직감하고 있습니다. 현재 의료 관련 학과에서는 학생 수가 늘고 있습니다. 의사나 치과의사는 물론 약사, 간호사, 물리치료사, 사회복지사, 정신보건사회복지사 자격증을 취득하려는 사람이 아주 많습니다. 4년제 대학을 졸업했지만, 다시 간호학교에 지원해 간호사가 되려는 사람도 있습니다. 제가 강의하는 고베여학원대학 문학부 졸업생 중에도 간호사가 된 사람이 (제가 알기로) 세 명이나 됩니다.

그들은 누군가에게 들어서가 아니라 머지않아 그런 직업에 수요가 몰릴 것으로 내다보고 있습니다. 그에 따른 직업 선택이죠. 간호사는 꽤 무거운 격무에 시달리는 직업입니다. 대우도 별로 좋은 편이 아니죠. 그런데도 간호사라는 직업에 학생들이 몰려드는 것은 찾는 곳이 많아지리라 예측했기 때문입니다.

앞으로 일본은 급격한 고령화 사회로 진입하면서 생산연령인구가 급감할 겁니다. 인구의 거의 절반을 노인이 차지하는 매우 편중된 연령 구성을 보이겠죠. 후생노동성의 중위추계에 따르면 50년 후 일본 인구는 8,800만 명, 100년 후에는 5,000만 명을 밑돌 정도로 인구감소가 진행된다고 합니다.

그런 국면으로 나아가는 지금, '소자화[2] 문제를 어떻게 해결할 수 있을까' 또는 '어떻게 해야 인구를 늘릴 수 있을까'라는 식으로 사고하는 사람은 대단한 착각을 하고 있습니다. 그것은 '문제'가 아니라 '해답'이니까요. 인구폭발로 지구의 생태환경이 악화하고 에너지, 식량, 의료자원, 교육자원 등 모든 게 부족해질 때 발생할 폭력적 쟁탈이나 분쟁을 막고자 인류가 내놓은 '해답'이 바로 소자화입니다.

따라서 소자화가 일어나는 곳은 일본만이 아닙니다. 물론 일본이 세계에서 가장 먼저 초소자화·초고령화 사회로 진입하겠지만, 중국과 한국도 조만간 뒤따를 겁니다. 유럽과 미국도 마찬

---

2) 小子化 : 저출생으로 아이의 수가 점점 적어지는 현상으로 주로 일본에서 저출생과 함께 거론되는 개념이다.

가지겠죠. 22세기가 되면 아프리카도 인구감소 국면에 접어들어 세계인구 자체가 감소합니다. 이처럼 인구소멸은 인류사적 차원에서 진행되고 있습니다.

과거처럼 별다른 고민 없이 출산 캠페인을 벌인다고 해결될 일이 아닙니다. 역사적 환경 변화에 어떻게 적응할지 고민해야 할 긴박한 시점인데도, 흐름 자체를 막으려 하거나 부정하는 '소자화 대책'은 전혀 쓸모없습니다.

그런 차원에서 말하자면 의료나 간호 또는 돌봄 업무를 선택하는 젊은 세대가 결혼을 독려하려고 예산을 짜는 정부보다 훨씬 더 현실적이라고 생각합니다. 농업 선택도 마찬가지입니다. 다만 그들은 자본주의 체제에 피로를 느꼈기에 그런 선택을 한 건 아닙니다.

지금까지 자본주의 시장경제의 기업 활동은 '성장과 인구증가'를 당연한 전제로 두고 '대량생산·대량유통·대량소비·대량폐기' 모델로 일관해왔습니다. 다시 말해 인구소멸 국면을 전혀 상정하지 않는다면 인구소멸이 어느 수준을 넘어서는 순간 시스템 붕괴를 면치 못할 겁니다. 젊은 세대는 그런 날이 코앞에 닥쳤음을 느끼고 앞서와 같은 선택을 하지 않았나 싶습니다.

지방 이주자가 최우선으로 바라는 것은 아무리 파국적인 사태가 벌어져도 당장 기거할 곳이 있고, 먹을 것과 마실 물이 있으며, 건강을 유지할 생태학적 환경을 갖추는 겁니다. 또한, 곤란한 일이 생겼을 때 도움받을 상호부조·상호지원 네트워크를 비롯해 1차 의료 시설과 교육 인프라도 갖춰지길 원합니다. 아울러 지역에 뿌리내린 소규모(그러나 수준 높은) 문화 활동이 있고, 제사나 의례가 공동체 통합을 위해 기능하면 좋겠죠.

이런 '다음 세상' 이미지는 지방 이주자 이외의 젊은 사람 사이에서도 점차 확산하고 있습니다. 이에 따라 그들은 '다음 세상'이 오면 나는 어떤 역할을 할 수 있을지 고민하기 시작한 거죠. 그래서 직업으로 농사를 선택하거나 의료나 교육, 출판, 예술, 생활 공예를 선택합니다.

그런 사람들은 자본주의 시장경제체제가 무너지거나 다른 경제체제가 지배하는 사회가 되더라도 '사람이 살아가는 데 필요한 것'을 제공할 수 있다면 굶어 죽을 걱정은 없다며 막연한 낙관을 합니다. 누군가는 이들을 '야만인'이라고 부를지 모르겠지만, 앞으로 '야만인'의 수가 늘어나면 늘어났지 줄어드는 일은 없을 겁니다.

𑁍

지난해부터 지역 청년과 로컬에 관심 있는 사람 몇 명이 모여서 「TURNs」 기사에 대한 스터디 모임을 하고 있다. 우리끼리 마음대로 진토닉(magazine+tonic)이라고 이름 붙이고 월1회 스터디를 하면서 일본의 지역재생과 지역이주 그리고 지역창업에 대해 많은 것을 배우고 있다.

평소 우치다 타츠루의 명쾌한 논조를 흠모하던 편이어서 국내에 출간된 그의 저작 대부분을 읽었다. 마침 「TURNs」에 기고한 우치다 타츠루의 글이 책으로 나오고 내가 추천사를 쓰게 된다니 이 '우연한 행복'에 마음이 설렌다.

우치다 타츠루의 글을 읽고 싶게 만드는 강점은 다음과 같다.

첫째, 직설적이다. 빙빙 에둘러 이야기하지 않는다. '자, 터놓고 이야기해보자'라는 음성지원이 되는 것처럼 정곡을 찌르는 문장들이 상쾌하다.

둘째, 실용적이다. 현장 밀착형 주제들을 현미경으로 들여다보는 것처럼 꼼꼼히 분석하기 때문에 현장에서 큰 도움이 된다. 구슬이 서 말이라도 꿰어야 보배이듯이 이론이 오조 오억 개라도 현장에 갖다 쓸 수 있어야 도움 되는 것이란 걸 늘 보여준다.

셋째, 어렵지 않다. 대학교수이지만 어렵게 쓰지 않으며 우리 주변의 다양한 정치, 사회, 경제, 문화 사례들을 예시로 들어 매끄럽게 설명한다. 정말 부럽고 존경스러운 능력이다.

그런 우치다 타츠루가 이번 책에서는 본격적으로 지역 이주와 지방재생을 다루었다. 이 주제에 대한 일본 책들은 많지만 망원경과 현미경을 들여다보듯 조화롭게 구성하여 이렇게 체계적으로 서술한 책은 매우 드물다.

저자의 표현대로 '꽤 건전한' 지역 이주 흐름이 언제나 옳은 것은 아니다. 그리고 그 과정은 매우 어렵다. 삶의 터전을 옮기는 것이 단순한 '이사' 정도의 의미만 있는 것은 아니기 때문이다.

우리나라에서도 지방소멸 위험지역을 고시하고 인구가 급감한다고 난리치는 분위기가 무르익고 있는데 그런 부정적인 흐름 이전에 지역으로 '턴'하는 사람들은 이미 오랫동안 늘어왔다. 그런 이들의 움직임이 흥미로워서 연구를 하는 중인데 그 각각의 스토리가 정말 다양하다.

그래도 그들의 실천이 무모하거나 의미 없다고 생각하지 않는 이유는 저자가 분석하고 있듯이 이 사회의 많은 문제에 대한 '의미 있는 망명'이라는 점에 있다. 주변의 많은 문제가 사실은 '굳이 그렇게 하지 않아도 되는 일'을 '늘 그렇다고 받아들임으로써' 양산되는 것들이다.

그런 묵인 속에 공고해진 가치들에 상쾌하게 "왜?"라는 의문을 품고 기존 방식과 다른 시도를 하는 사람들이 지역에 많다. 이주자도 있고 주민들도 있다. 이 흐름이 좀 더 자연스럽게 진행되기 위해서는 해결되어야 할 또 다른 차원의 문제들이 있다.

부디 이 책을 통해 삶의 조건과 방식에 대한 새로운 공감의 영역이 넓어지면 좋겠다. '더디 가도 사람 생각한다'는 말처럼 '더디 가도 나와 우리의 행복 생각한다'는 사회 분위기가 만들어지면 금상첨화겠다.

조희정*

* 서강대학교 사회과학연구소 전임연구원. 『로컬의 진화』 『시골의 진화』 등을 번역했고, 저서로는 『로컬에서 청년하다』 『서울에서 청년하다』 등이 있다.

🌱

일본의 현대 철학자이자 저술가인 우치다 타츠루는 이번 『로컬로 턴!』에서 자본주의의 종언을 언급하며 그 이유를 들었다. 우선 자본주의는 인구 증가와 생산기술의 진화 그리고 경제성장이라는 세 가지 전제 조건이 있어야 성립하는데 이미 일본은 인구 증가와 경제성장이라는 두 가지 조건이 사라졌다는 것이다. 실제로 일본뿐 아니라 선진국이라면 어디든 경제성장률은 높아야 2%, 대개는 0~1%대를 유지하는 '멈춤 경제' 상태이다. 그렇기 때문에 자본주의 시스템은 앞으로 사라질 수밖에 없다고 말한다.

하지만 경제 성장 신화를 경험한 일본의 기성세대는 아직도 '성장'에 초점을 맞추어 정책을 펼치려고만 한다. 한국도 마찬가지이다. 과거 고도경제성장 시대에는 성장에 따른 낙수효과가 분명 있긴 했다. 그러나 일본의 버블 붕괴와 한국의 IMF 외환위기 이후 두 나라에 신자유주의 시스템이 자리 잡자 어떤 일이 벌어졌는가. 생산기술의 진화로 일자리는 축소됐으며 남은 일자리마저 계약직, 파견용역 등의 형식으로 불안정 고용이 확대되었다. 이러한 상황에서 경쟁은 더욱 심화해 심각한 격차 사회의 모습을 낳고 있다. 국가의 GDP 증가는 이제 개인의 사정과는 전혀 상관없는 일이 돼버린 지 오래다.

그뿐만이 아니다. 도시 집중화와 인구감소로 지방은 쇠퇴 일로에 있다. 흔히 도시에 일자리가 있으니 어쩔 수 없이 지방을 떠날 수밖에 없다고 생각하지만 순서가 틀렸다. 지방의 재화를 도시가 흡수하기 때문에 벌어진 일이다. 오늘날 행정적으로는 지방자치제가 자리 잡고 있지만, 경제적으로 지방은 도시의 식민지나 다름없다. 다시 말해 도시가 지방의 자원을 흡수하고 있기 때문에 지방에 일자리가 없는 것이다.

우치다 타츠루는 또 현재 일본의 청년이 탈도시를 선언하고 지역을 새로운 거점으로 확보하는 현상을 '엑소더스'에 비유한다. 생존을 위해 도시로부터 탈출(이주가 아니라)하고 있다고 진단한다. 성장 위주의 자본주의 정책은 이미 한계에 봉착했음에도 여전히 성장이라는 가치를 내세우며 자본주의의 민낯을 드러내는데 이에 위기감을 직감한 청년이 지역으로 '피신'을 했다는 것이다.

그런 일이 바로 우리에게도 일어나고 있다. 무한 경쟁 시스템에서 벗어나 자신만의 인생을 찾고자 하는 부류가 늘어나는 현상은 어찌 보면 당연한 일이다. 최근 '로컬'이라는 말이 키워드로 떠오를 정도로 지역에서 새로운 삶의 대안을 모색하는 청년들이 증가했다. 지역 혁신가, 지역가치 창업가, 로컬 크리에이터, 로컬 벤처 등 부르는 말은 다르지만 이들은 도시를 떠나 로컬을 재구성하고 있다. 그간 외부인의 유입을 반기지 않았던 지역 커뮤니티에도 변화가 일어났다. 자신들의 고장이 소멸할 수 있다는 위기를 실감한 것이다. 이주 청년들을 적극 환대하고 그들과 함께 지역 활성화를 도모하고 있다. 지자체도 적극 나서고 있고 중앙정부도 그들을 위한 투자를 아끼지 않고 있다. 그런 상황에서 성공(?) 사례가 나오자 이제는 투자기관까지 관심을 보이기 시작했다.

그런데 이쯤에서 한 가지 생각해 볼 문제가 있다. 기존의 성장 위주 경제 시스템의 한계를 느끼고 지역에서 대안적 삶을 모색한 결과가 다시 자본시장의 '투자'를 받아 기업 상장을 향해 발돋움하는 것이라면 뭔가 이상하지 않나? 심지어는 매출액 1조를 목표로 하는 로컬 유니콘이란 말도 나오고 있다. 로컬을 선택해 탈도시를 한다는 건 시장주의 시스템에서 벗어나려는 것이었는데 다시 시스템 속으로 편입한다고? 물론 로컬의 삶이 자본주의를 부정하는 건 아니다. 다만 인간미를 잃고 폭주하는 자본주의 기차에서 내려 자신만의 인생 속도를 찾아가는 여정이 다시 자본 증식을 향해 달려가게 된다면 본말이 전도된 게 아닐까 싶다.

우치다 타츠루가 제안한 대안은 로컬의 교육공동체 구축이다. 교육공동체라고 해서 뭔가 공부만 하는 곳은 아니다. 독서모임이든 소규모 강좌이든 지역 커뮤니티의 중심으로 삼을 만한 장소를 확보하면 반드시 돈을 쓰지 않더라도 함께 나누고 살 수 있는 터전이 생기며 이를 토대로 지역 자원을 개발하고 지킬 수 있는 공동의 일을 모색하다보면 활로가 생긴다는 것이다. 즉 로컬에다 빵집이나 카페 또는 힙한(?) 음식점을 차리는 일도 좋지만 무엇보다 우선해야 할 것은 커뮤니티 조성이란 이야기다. 그리고 난 후 해당 지역의 자원을 활용한 콘텐츠를 개발해 사람을 끌어들이다 보면 자연적으로 빵집이나 카페가 들어서 지역 안에서 경제 순환이 가능해진다. 로컬 지향은 새로운 아이템 발굴이 아니라 삶의 태도라는 점을 잊지 말아야 한다. 그게 아니라면 로컬은 유행으로 그치거나 로컬마저 자본의 놀이터로 변질될 수 있다. 자본 논리는 간단하다. 수익이 없으면 언제든 후퇴한다.

따라서 힘들다고 쉽게 돈을 벌 수 있다는 아이템에 현혹되거나 지역 활성화와는 거리가 먼 사업 아이템을 만지작거리기보다는 내가 서 있는 그곳 지역의 자원과 콘텐츠가 무엇인지를 찾아내야 한다. "여기는 아무것도 없어"라고 말하는 사람이 있을지도 모르겠지만 정말 아무것도 없을까? 자원은 반드시 형태를 띠지는 않는다. 그래서 눈에 잘 안 보일 수는 있다. 잠시 멈춰서 내가 딛고 서 있는 장소에 집중해보자. 정말 없다고? 그럼 잠시 멈춰서 좀 쉬자. 로컬의 힘은 '멈춤'에서 나오니까. 그것이 어쩌면 우치다 타츠루가 말하는 '정상(定常)' 경제일지도 모른다. 그래야 정상(正常)의 삶을 살아갈 수 있지 않을까. 로컬은 우리 삶, 최후의 방어선이란 것을 잊지 말아야 한다.

박우현

로컬로 턴!

1판 1쇄 발행일 2022년 5월 25일
1판 2쇄 발행일 2022년 12월 25일
지은이 | 우치다 타츠루
옮긴이 | 박우현
펴낸이 | 김문영
펴낸곳 | 이숲
등록 | 2008년 3월 28일 제406-3010000251002008000086호
주소 | 경기도 파주시 책향기로 320, 2-206
전화 | 02-2235-5580
팩스 | 02-6442-5581
홈페이지 | www.esoope.com
페이스북 | www.facebook.com/EsoopPublishing
Email | esoope@naver.com
ISBN | 979-11-91131-34-5 03330
© 이숲, 2022, printed in Korea.